KINGS & QUEENS
OF THE MEDIEVAL WORLD

中世纪的
国王
和女王

[英]马丁·J.多尔蒂　著

麦凯婷　译

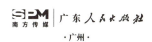
广东人民出版社
·广州·

目录
CONTENTS

引　言

　　从罗马帝国衰落到文艺复兴开启现代欧洲之前，这段时间被称为中古时期（Medieval Period）或中世纪（Middle Ages）。这是一个大变革的时代，科技发展、学术进步，社会发生了巨大的变迁，这些都促进了现代民族国家的崛起。

底图：公元 451 年，卡塔隆平原战役（Battle of the Catalaunian Fields）的失败，标志着匈人对欧洲的入侵告一段落，以及法兰克人作为一支重要军事力量的崛起。

2世纪初，罗马帝国的疆域空前广袤，欧洲经历了一段相对稳定的时期。此时当然也存在着冲突，但文化和语言所具有的共性以及国家稳定受到威胁时帝国所展示的军事实力——营造出了统一的表象。但表象之下，欧洲各民族之间仍然存在着巨大的差异，且随着西罗马帝国式微，这些差异越发明显。

4世纪末，匈人（Huns）西迁，恰逢罗马帝国衰落，使后者面临压根无法应对的威胁。除了匈人的直接威胁，还有一些部落离乡向西迁徙与其他部落产生争端，造成二重危机。

在公元451年的卡塔隆平原上，匈人败在了罗马-法兰克联军的手下。法兰克人（Franks）不再仅仅是罗马帝国的一分子，而是成为一个联合王国，战士们用自己的方式作战而不是继续罗马的方式。

尽管拜占庭帝国起源于东罗马帝国，但到了中世纪，其军事力量主要是具装骑兵（armoured cavalry），而非西罗马帝国的步兵。

虽然匈人对欧洲的威胁并没有持续多久，但罗马的国力受到了重创，威望迅速下跌。流离失所的部落穿行战斗于欧洲各地以寻找新的家园，"蛮族"国家开始出现。这个时代留给人们的印象往往是混乱的、暴力的，是罗马之光熄灭后的"黑暗时代"（Dark Age）。这一印象不无道理，但在混乱的中心，一个新的时代正在降临。

中世纪早期

中世纪早期跨越了 5 世纪至 10 世纪，是一个大变革的时代。罗马文化的某些元素仍然具有很大的影响力，但同时，传统的部落开始重新确立自己的地位。这一时期，一些由战士君主领导的小国时不时面临着来自对手的威胁。

信仰伊斯兰教的哈里发国（Caliphate）崛起，对南欧的基督教王国构成了严重威胁。伊比利亚半岛和部分巴尔干半岛被伊斯兰国家占领，许多著名的统治者在反抗外敌的战斗中成名。后来，对宗教的狂热驱使欧洲人向伊斯兰国家的领土和拜占庭帝国（Byzantine Empire，东罗马帝国的残余）发动十字军东征。

随着时间推移，其他威胁也出现了。斯堪的纳维亚半岛受到匈人影响相对较小，随着这里的人口增长，维京人（Vikings）开始登上世界舞台。"维京人"一词通常与丹麦人、瑞典人、挪威人和芬兰人联系在一起，但准确而言，这个词只指那些从事军事远征或贸易远征的人。也许把斯堪的纳维亚文化称为"诺斯（Norse）文化"会更好，但对欧洲历史影响最大的是维京人——那些踏上伟大远征的人。

维京远征队沿着欧洲的海岸和河流从事贸易，更有利可图时

在后罗马时代，大多数王国主要的军事力量是配有盾牌、长矛或斧头的步兵。骑兵逐渐成为主导力量，其中身穿盔甲的重骑兵是优越的机动能力和强大攻击力的集中体现。

则对这些地区进行劫掠。随着时间推移，劫掠的规模越来越大，远征队甚至在这些地方定居下来，于是英格兰、法国北部、冰岛甚至格陵兰岛都出现了诺斯人的王国。诺斯人同时向东进发，抵达斯拉夫，即现今的俄罗斯（Russia）。实际上，俄罗斯的名字来自诺斯人：在新的地方定居下来时，诺斯人被称为"罗斯人"（Rus）。

　　诺斯人对欧洲的影响是深远的。为了抵御诺斯人的劫掠，新兴王国必须不断发展适应。在许多地方，定居下来的诺斯人融入或覆盖了当地文化。随着时间推移，诺斯人彻底地欧洲化了，征服英格兰的诺曼人（Normans）是沿着法国北部海岸定居并成为法兰克文化一部分的诺斯人。

　　随着时间流逝，罗马残留的影响逐渐消逝，封建制度开始主导政治，上至君主，下至最低级的农奴，在层层等级中，诸侯们效忠比自己更高一级的首领。中世纪早期接近尾声时，大国已经崭露头角，现代民族认同的元素也已经出现。

中世纪早期顶级的个人防护装备是铁链衣，也叫锁子甲（hauberk），后来被活动式板甲取代。

诺斯人的劫掠和贸易远征对欧洲产生了巨大的影响，因此公元 793—1066 年通常被称为"维京时代"（Viking Era）。

欧洲民族大迁徙

　　欧洲民族大迁徙（Völkerwanderung），或称"民族大迁徙时期"（Migration Period），始于约公元375年，东方的匈人入侵欧洲。欧洲民族或遇上匈人而西迁，或为躲避入侵者而流离转徙至其他部落，纷纷离开故土，普遍向西迁徙。衰落的罗马帝国使尽浑身解数抵抗，通常要靠其他部落共同承担敌军造成的伤害，并割让土地作为回报。这种做法成败参半。

　　一些部落开辟了以自己名字命名的新家园。例如，意大利伦巴第（Lombardy）名字的由来是征服此地的伦巴第人（Lombards）——这里是伦巴第人迁徙的终点，而非他们的原籍地。同样，勃艮第（Burgundy）名字的来源是定居此地的一个日耳曼部落，这片地区最终发展成了勃艮第王国，而不仅仅是这个民族的聚居地。

　　另一些部落则与沿途遇到的民族融合，或不断迁徙到新的地方。汪达尔

罗马时代晚期发生的大迁徙抹掉了已有的省份分界线，并为中世纪欧洲乃至现代国家的领土划分奠定了基础。

人（Vandals）曾在伊比利亚（Iberia）定居，但出于不断的冲突而被迫继续迁徙。他们最终在北非建立了王国，势力遍布整个地中海西部。

民族迁徙模糊了旧时罗马的省份界线，欧洲地图上出现了新的名字，这些名字后来成为众所周知的中世纪国家。

中世纪盛期

中世纪盛期通常指公元 1000 年至 1300 年前后，这段时期以技术的不断进步、强大王国和帝国的崛起为特征。尽管此前步兵是战场的主导，但这时具装骑兵已经成了主要的军事力量。至于如何支持职业士兵，为其支付极其昂贵的装备，则要依靠建立一个战士阶级（或统治阶级），他们的日常开支大部分来源于自己的财产。

由领主供养的职业战士在当时确实存在。人们通常以为所有的具装骑兵都是贵族，但事实并非如此。军队指挥官和首领属于贵族阶层，但许多骑兵都是能够负担起职业战士所需的武器和装备的平民。军队由步兵和投射部队（如弓箭手或弩手）组成，通常质量极低。当然也有例外，比如英格兰的自由民弓箭手，还有为支付得起报酬的任何人服务的雇佣兵。但总的来说，在中世纪盛期，步兵没有得到重视。

这也是一个修筑堡垒的时代。当然，堡垒已然存在了几个世纪，但中世纪早期用泥土或木头修建的堡垒逐渐让位于日益复杂的石造堡垒。通常而言，战争的起因或是遭遇劫掠后损失了财产，或是要塞被围攻或占领。一座重要的堡垒或防守森严的城镇的陷落，不仅意味着统治者在军事上的败绩，还意味着其威信遭受了打击，而这又可能导致臣民的反叛，或迫使统治者在仓促之下接受谈判。

中世纪的战事一直被描绘成具装骑兵之间简单的斗殴，而一

几位权倾天下的人物影响了中世纪历史的走向。他们做出的选择塑造了现代世界。

旁还有可怜的农民四下逃窜。虽然这一印象并非完全错误，但它未能反映战略层面的复杂之处。不同形式的进攻有专门的术语、明确的战斗目标，且各有特色。攻城战是一种高端的战争艺术，涉及许多新颖的、袭击城堡或城镇的策略技巧。虽然这个时代的战场属于勇士而非士兵，但是军队指挥官也有自己的一套。

维京人

　　准确来说，"维京"（Viking）一词仅仅指通过远征从事贸易或劫掠的诺斯人，但这个词一直都被宽泛地用于指代诺斯人的整个文化。维京人的远征活动是影响中世纪欧洲发展的一个重要因素。这些人并非为毁灭而毁灭，他们乐意经商、务农、安家乐业，前提是从事这些比四处掠夺有更高的风险回报比。同样，维京海盗并不像一些编年史家说的那样，是在向上帝开战。虽然早期的诺斯人是异教徒，但他们洗劫修道院是为了钱财而非宗教。

　　维京人在冒险精神的引领下，从罗斯沿河而下，抵达拜占庭。他们在此经商，许多维京人加入了瓦兰吉卫队（Varangian Guard，拜占庭军队中的一支精英部队）。另一些维京人绕欧洲航行，抵达地中海经商，或在北大西洋劈波斩浪，抵达冰岛和格陵兰岛，建立起殖民地。少数维京人甚至踏足北美。中世纪早期，海岸或河岸的居民一直生活在维京海盗劫掠的恐惧之下，但维京人中的商人是贸易网络的重要组成部分。

1960 年，在加拿大纽芬兰岛兰塞奥兹牧草地（L'Anse aux Meadows）发现的维京人遗址。

最终，诺斯人也和其他"蛮族"一样，建立起自己的中世纪王国。诺斯人的性格因环境差异而各有不同——在当今的俄罗斯定居的诺斯人有着和斯堪的纳维亚故土截然不同的文化，和诺曼底、爱尔兰以及冰岛的诺斯人文化也相差甚远。

中世纪晚期

中世纪晚期通常指 14 至 15 世纪，结束于文艺复兴席卷欧洲之时。与其说文艺复兴是一个界定清晰的历史时期，不如说它是一场起始时间因地而异的文化运动。文艺复兴最早出现在意大利，始于 15 世纪中期，但英格兰因受王朝内部争端（玫瑰战争）之苦，直到伊丽莎白一世（Elizabeth I）统治时（1558 年）才真正开始了文艺复兴。当时，美洲大陆已被发现，殖民地也建立起来了；虽然中世纪的外在标志依然保留着，世界却充满了巨大的差异。

中世纪晚期，技术持续进步，其中火药的使用尤为引人注目。人们用火药制造出了移动火炮，它足以摧毁一座在以往坚不可摧

中世纪，修筑城堡的技术稳步发展。木头和泥土修筑的城堡（通常是高地和堡场组成的城寨）被中世纪盛期时更先进的石造堡垒所取代。

的城堡。火器虽然没有把具装骑士赶下战场，但其带来的社会变化引起了战争的变革。

其他方面的科技进步也同样价值巨大。人们发明了能安全地远渡重洋的船只，贸易的机会大大增加，探索远方也成为可能。与此同时，宗教改革也在发生。新教徒发展壮大，在各国之间引发了不常见的矛盾。宗教和王朝战争通常彼此交织，因为宗教是一国文化根深蒂固的一部分；但有时宗教矛盾也会超越国界，甚至重新划定国界。

黑死病极大地削减了欧洲的人口，使劳动力成为高价商品，由此引发了巨大的社会变革。劳工无须继续被迫接受雇主规定的工资，他只要走到另一条村子就能找到一份薪水更高的工作。结果，国王和贵族的地位下降，富裕的中产阶级崛起，其他一些有利于文艺复兴深入发展的因素也出现了。为了适应这些变化，贵族层层向上效忠的封建制度也不断演化。

中世纪接近尾声时，欧洲的君主已经不再是部落领袖或以强大的军事力量守住王位的战士了。为了避免日益强大的贵族阶层侵犯王权，有必要采取精明的政治手段。同时，统治者身份的

火炮（尽管在当时还不算精密）的使用彻底改变了中世纪晚期的攻城战。能够抵挡石弩的城墙在射石炮的直瞄火力面前不堪一击。

合法性不仅可以由领导力和杀敌能力证明，还得到了传统和王朝继承制的保护。中世纪欧洲的国王与女王宣扬君权神授，也许并非巧合。这主要指其统治的合法性来自上帝，任何违抗君权的行为都是违背上帝的罪行。

在这个动荡的时代统治欧洲的国王与女王为现代世界打下了基础。他们的种种举措保证了现代国家的出现，许多现代制度的来源可以追溯到这一时期。法律案件中的无罪推定原则，新教或天主教成为各国的主流宗教，限制王权从而使国王不再凌驾于法律之上，这些都来自中世纪的国王和女王的选择。如果他们采取了其他行动，现今的世界可能会截然不同。

黑死病并非在一瞬间就摧毁了一切。它带来的毁灭性影响足以击垮一国的经济，或使组建军队在未来几年都毫无可能。策划一场战役时，军队指挥官不得不考虑瘟疫的因素。

第一章
军事领袖

在中世纪，仅仅骁勇善战并不足以成就一位统治者，尤其是在中世纪早期，要防止大权旁落，一项重要的能力就是能以身作则地领导军队。一旦领袖战死沙场或落荒而走，军队则十有八九面临溃败；贵族立下誓言，只要国王仍身在战场，自己也宁死不屈。因此，国王个人的领导才能和战斗能力在战场上至关重要。

底图：黑斯廷斯战役（Battle of Hastings）是维京时代的战士与中世纪的具装骑兵之间的一场战争。诺曼人的胜利开启了欧洲历史的新时期。

军事本领不只是在真正的战场上才能露出端倪。高明的统治者善于抓住一切机会展示自己的战斗能力，不仅是为了提醒追随者，更是为了警示潜在的敌人。在比武大会（tournament）上击败对手，或在公众场合展示武艺，既能令一同出生入死的属下更加信任自己，又能让对手不敢轻举妄动。

拥有骁勇善战、速战速决的名声对谈判协商大有裨益，也能震慑住敌国外患。这种名声也能体现某种"王者风范"，令国王在追随者和贵族眼里拥有更高的威望。这些影响通常非常微妙。国王无须愤然拔鞘，也会有无数精打细算的条约在他的剑下签订。同样，王室婚姻能造成巨大而深远的影响，但要想成就一段好的姻缘，双方需要在王国财富或潜在的政治利益之外真正相配。

因此，中世纪的国王（以及几位女王）至少要使自己看起来所向披靡，还有让不计其数的人为了王国的延续投身漫长而艰苦的战斗。战争以最生动的形式描绘了变革的图景，战争的赢家塑造了历史的进程。欧洲的这些伟大的战士也许没有亲手书写历史，但胜利使他们手握大权，能够决定什么被书写，什么被遗忘。

查理曼（742—814）

法兰克国王，建立加洛林王朝

西罗马帝国灭亡后，法兰克民族比其他民族更成气候，这是因为他们更骁勇善战。公元451年，法兰克人的军队作为罗马的盟军击退了入侵欧洲的匈人。5世纪末，法兰克人已经统治了前罗马行省高卢（Gaul）的大部分地区和日耳曼尼亚（Germania）的部分地区。信奉东正教的克洛维一世（Clovis I，481—511在位）建立起一个统一的王朝。

以克洛维的祖父墨洛维（Merovech）命名的墨洛温（Merovingian）王朝统治了法兰克人近三个世纪。在查理·马特（Charles Martel，688—741）的领导下，法兰克人在图尔战役（Battle of Tours）中打败了企图侵略欧洲的摩尔人（Moors）。此后，查理·马特在法兰克军队中增加了具装骑兵，这一举措为法兰西骑士阶层的崛起奠定了基础。

墨洛温王朝虽然经受住了几番分合带来的风风雨雨，但最终还是被查理大帝

（Charles the Great，更广为人知的称号是"查理曼"）建立的加洛林（Carolingian）王朝所取代。查理大帝的父亲是矮子丕平（Pepin the short，714—768），丕平是查理·马特之子。

丕平以出色的军事领导才能赢得了教皇的支持和遥远的拜占庭帝国的承认，但他的统治深受接二连三的叛乱之苦。768年丕平去世后，其子查理（后称查理曼）与另一子卡洛曼（Carloman）共同统治法兰克人，771年卡洛曼死后，查理曼成了王国的唯一统治者。

和父亲一样，查理曼与教宗关系亲近，热心于在国内传播基督教。772年，教皇哈德良一世（Adrian I）向查理曼寻求帮助，请求查理曼支援他对抗意大利北部的伦巴第人。查理曼因此出兵攻打伦巴第，战胜后成为伦巴第人之王。查理曼虽然在774年加冕为王，但他在接下来的几年里不得不花费功夫平定叛乱。787年查理曼率军进入意大利南部，扩张了王国的领土，但他从未彻底征服这片地区。

与此同时，为征服萨克森人（Saxons），查理曼发动了数次残忍的讨伐。他的动机既关乎政治，也关乎宗教；萨克森人信仰异教，而查理曼是基督徒。被征服的部落成员要么被迫接受基督教的洗礼，要么失去性命。782年查理曼在费尔登（Verden）附近血洗4500名萨克森战士就是一例。处以斩刑的目的一方面是惩戒谋反之罪，另一方面则是打压异教信仰，其影响颇为复杂。萨克森人暂且安定了，潜在的叛徒也许知难而退，但同样有可能的是，费尔登大屠杀将会成为反叛分子斗争的信念。

萨克森战争贯穿了查理曼的整个任期，其间他还攻占了其他地区，新的冲突因此产生。例如，查理曼将巴伐利亚（Bavaria）

查理曼地位的巩固几乎完全仰仗他出色的军事领导才能。后世的统治者证明自己地位的合法性时，或要利用某种抽象的概念，或要倚赖代代相传的血脉，但查理曼不得不通过血战沙场来稳固自己的地位。

纳入版图后不久，当时盘踞在匈牙利的阿瓦尔人（Avars）便来讨伐此地。阿瓦尔人投降之际，萨克森起义再度爆发；但到了803年，阿瓦尔人终于被镇压，并改信了基督教。

查理曼统治期间战火频仍，多数情况下法兰克军队都凯旋。然而，查理曼最著名的一场战役一败涂地。当时，西班牙的摩尔人派来使者，请求查理曼协助抵抗科尔多瓦的埃米尔（Emir of Cordoba）。既然对方臣服于自己，作为回报，查理曼大帝同意出兵。也许他将这视为传播基督教的一大机会。然而，法兰克军队在萨拉戈萨（Saragossa）惨败，被迫撤回龙塞斯瓦耶斯隘口（Pass of Roncesvalles）。

撤军途中，后卫部队遭遇巴斯克人（Basques）伏击（此前查理曼误以为巴斯克人已被镇压），法兰克军队的几位高级将领壮烈牺牲。四个世纪之后，这场战役被写成史诗，流传至今。《罗兰之歌》（*The Song of Roland*）描绘了罗兰和12名武士英勇反抗的情形，虽然这一作品不完全符合史实，但它是法兰西文学的重要组成部分。诗中的武士不是对查理曼忠心耿耿的地方领袖，而是被刻画成了基督的完美信徒。这种为体现某种概念而刻画的典型人物屡屡出现在中世纪及后来的文学中。但在这场战役之后，法兰克人在西班牙战场所向披靡，800年时也将巴利阿里群岛（Balearic）收入麾下，到812年已经打下了大片领土。

随着帝国疆域从西班牙扩张至多瑙河（Danube）和波罗的海（Baltic Sea），查理曼名扬四海。他的丰功伟绩得到了教皇的认可。公元800年圣诞节之际，查理曼接受了教皇的加冕，成为"罗马人的皇帝"（Emperor of the Romans）。查理曼始终对学术怀有一腔热忱，在位期间资助学校，实行经济改革。他发起手写体标准化改革，使加洛林小写体（Carolingian minuscule）成为欧洲地区拉丁文手写体的标准形式。

人们用加洛林小写体大规模地重新誊抄了旧时的手稿，因此中世纪的许多手稿才不至于四散丢失。文艺复兴时期，加洛林小写体再次得到发展，在更近代的字体演变中也具备一定的影响力。因此，虽然查理曼的身份首先是一位战士，但他对学术领域和基督教在欧洲传播也做出了贡献。

查理曼在战争中大规模出动具装骑兵，后来具装骑兵成了中世纪战争的典型标志。

查理曼在龙塞斯瓦耶斯隘口之战中一败涂地。后来的传说为这场战役添上了一种悲剧英雄主义色彩，堪比不列颠的亚瑟王（King Arthur）传奇。

征服者威廉（1028—1087）

英格兰第一位诺曼人国王

793 年，诺斯人对林迪斯法恩（Lindisfarne）发动了一次小型劫掠，拉开了所谓维京时代的序幕。1066 年，诺曼底的威廉（William of Normandy）击败哈罗德·葛温森（Harold Godwinson）领导的一支盎格鲁－撒克逊（Anglo-Saxon）军队，结束了英格兰王位之争的同时，也为维京时代画上了句号。其间的这些年里，诺斯人的劫掠规模越来越大，最终甚至出动了数百艘船和数千名士兵。

应对这些大规模劫掠的办法之一便是贿赂诺斯人，让他们远离此地——最好去洗劫敌人的领地。但西法兰克王国的查理三世（Charles III），即查理曼的后代，想出了一个更为长远的计划。查理三世会见了强大的维京军队的首领罗洛（Rollo），赠予他如今法国北部沿岸的一部分领土，换取他的效忠。罗洛接受了条件，成为诺曼底（Normandy）王国的首位公爵。罗洛的统治于 928 年结束，其子长剑威廉（William Longsword）继位。

定居下来的诺斯人为这片新的领土注入了充沛的活力，他们也确实对其他斯堪的纳维亚人的劫掠或入侵起到了有效的缓冲作用。这些诺斯人融入了法兰克民族，逐渐从以步兵为基础的、海上机动式的作战方式演变成拥有大量具装骑兵的作战部队。这些新崛起的诺曼人兵强马壮，许多人都相信他们是全欧洲最勇猛的战士。他们组成雇佣兵四处出征，在西西里岛（Sicily）更是开辟了自己的王国。

11 世纪 60 年代早期以前，诺曼底处于威廉公爵的统治之下，他对军事冒险主义毫不陌生。作为罗贝尔一世（Robert I，1000—1035）的私生子，年轻的威廉公爵不得不对付诺曼底贵族的阴谋暗算，这些贵族希望把他架空成傀儡，以实现自己隐秘的意图。1060 年前后，威廉公爵总算稳固了自己的地位。

同时，英格兰国王忏悔者爱德华（Edward the Confessor，1003—1066）逝世时膝下无子，引发了王位继承的争端。诺曼底的威廉与爱德华之间存在血缘关系，因为爱德华的母亲是诺曼底的艾玛（Emma of Normandy），即长剑威廉

在中世纪的文献中，罗洛带领诺斯人于 885—886 年围攻巴黎。他可能来自丹麦或挪威，当时的记录者或多或少会交替使用这些词语。

的孙女。因此威廉公爵宣称自己是英格兰王位的继承人，但挪威（Norway）国王哈拉尔·哈德拉达（Harald Hardrada，1015—1066）也称自己应当继承王位。而英格兰人支持的国王候选人则是威塞克斯伯爵（Earl of Wessex）哈罗德·葛温森。

诺曼人在此次战役中采用的战术在后来被英格兰人成功地加以利用。他们先利用弓兵使敌人大乱阵脚，再派具装骑兵击溃敌军。

这些说法真实与否，存在很大的争议。哈罗德·葛温森被控诉违背了曾经立下的支持威廉继位的誓言。有人声称曾有密使告知威廉，称他将继承王位，也有人说哈罗德才是忏悔者爱德华指定的王位继承人。真相也许永远不会大白，但英国贵族组成的贤人会议（Witenagemot）选择了哈罗德，使他加冕为王。

哈罗德登基后遇到的第一个挑战便是哈拉尔·哈德拉达，后者在斯坦福桥（Stamford Bridge）战役中大败。这场战斗的参战双方不无相似之处，维京人和盎格鲁－撒克逊人都更适应陆战。随后，哈罗德的部队挥师南下，直指已经穿越海峡、在英格兰东南部驻军的威廉。

黑斯廷斯之战凯旋后，威廉依然面临反对势力。直至 1066 年底，他才攻下伦敦，当时的新任国王显贵者埃德加（Edgar the Aetheling）向他投降。

诺曼部队的作战风格与对手截然不同。身穿锁子甲、配有长矛和剑的骑兵是其主要的军事力量。有了弓兵和步兵充当后援，诺曼部队充分利用联合兵种的优势，在骑兵冲锋陷阵之余，配合以弓兵的阵阵箭雨。激烈的战斗过后，虽然战斗细节仍然成谜，但英格兰军队败退，哈罗德战死。

威廉并非仅此一战便马上控制了英格兰。盎格鲁－撒克逊人推举出另一位国王试图反抗。与此同时，威廉为确保道路顺畅，修筑临时的防御工事，保护英格兰东南部的领土。短暂返回诺曼底一段时间后，威廉分别于1067、1068年两次重返英格兰战场。除了盎格鲁－撒克逊人的叛乱，威廉还面临丹麦人的袭击，从前征服的领地也时不时地爆发起义。

为巩固权力，威廉在全国各地修筑城堡。起初这些城堡只是用泥土和木头修建的简单建筑，后来经石头改建，成了诺曼人的统治强有力的标志。在威廉统治期间，教堂和主教座堂也兴建起来，这些庄严肃穆的建筑时刻彰显着诺曼人的权力和威望。

渐渐地，诺曼人的封建统治取代了盎格鲁－撒克逊人的制度。就好比先祖诺曼底公爵理查一世（Richard I of Normandy）扶植了封建制度在诺曼底的发展，威廉也帮助封建制度在英国落地生根。如此一来，威廉为后世设立了可模仿的范式，建立了英格兰至今尚存的贵族制度，尽管今天的贵族制度已然历经了几度变迁。

哈拉尔·哈德拉达

哈拉尔，更广为人知的绰号是"哈德拉达"（Hardrada，意为"铁腕首领"），他是挪威一位酋长的儿子，与挪威王室或有血缘关系。哈拉尔的家族当时深陷挪威权力纷争的泥潭，他初上战场后大败而归。哈拉尔离开挪威来到基辅罗斯（Kievan Rus），在这里成为拜占庭瓦兰吉卫队的队长。哈拉尔在瓦兰吉卫队南征北战，最后他为了逃离身陷囹圄或被处死的命运，只好返回故乡挪威。

此时的哈拉尔已经是一位拥有万贯家财、身经百战的首领，他公然挑战挪威王权，妥协后同意在服从丹麦国王的前提下统治挪威。由于哈拉尔野心勃勃地试图扩张王权，挪威苦于长年累月不见分晓的战事，哈拉尔成为挪威唯一的统治者，随后，他转战英格兰。

哈拉尔与托斯提格·葛温森（Tostig Godwinson），即新任英格兰国王哈罗德·葛温森的弟弟结盟，率领一支来自天南海北的诺斯人军队入侵英格兰。起初的福尔福德战役（Battle of Fulford）大捷，但在此后的斯坦福桥战役中，哈拉尔败给了哈罗德·葛温森，而哈罗德·葛温森又在黑斯廷斯之战丧命于征服者威廉。问鼎英格兰是哈拉尔·哈德拉达戎马一生的高潮，他因此被后人称为"最后的维京人"（The Last Viking）。

腓力二世（腓力·奥古斯都，1165—1223）

法兰西领土扩张，安茹王朝覆灭

未来的法兰西国王腓力二世（Philip II）出生时，现代意义上的国家尚未出现。一个王国的领土方圆几何，取决于向国王效忠的领主们的土地大小，不管这些土地所在何方。由于王朝联姻，这种效忠关系常常会变得错综复杂。因此，1165 年，在地理上属于法兰西领土的大部分地区，实际上成了英格兰国王的财产。

英格兰国王亨利二世（Henry II，1133—1189）不仅是安茹伯爵、诺曼底公爵，还在 1152 年通过婚姻获得了阿基坦（Aquitaine）公国的统治权。由于他来自安茹家族，他名下广袤的领土被称为安茹帝国（Angevin Empire）。法兰西贵族对亨利二世拥有大量领地感到极为恼火，因此英格兰和法兰西原本就不和谐的关系变得雪上加霜。效忠问题是争端之一。作为法兰西的高级贵族，英格兰国王本应效忠于法兰西国王。法兰西要求英格兰效忠而遭拒、法兰西默许英格兰的行为而威望下滑，都是这一时期复杂的政治博弈的体现。

腓力二世在父亲去世的前一年（即 1179 年）加冕为法兰西国王。他和英格兰的亨利二世达成协议，使自己摆脱了法兰西贵族权势的掌控。

腓力二世并非一帆风顺就达成了目的。1185 年，腓力二世镇压了一场反叛之后，统一了法兰西的大部分地区，成为唯一的统治者。于是，1187 年，腓力二世打起了英格兰在法兰西领土的算盘。用武力取胜后，腓力二世以精明的谈判技巧继续为腓力二世不仅是一位战士，还是一位政治家。他利用精明的和平谈判把战场上的胜利转化成长久的利益。

自己争取利益，没有引发大规模的冲突。

1189 年，亨利二世去世，其子"狮心王"（The Lionheart）理查一世（Richard I）继位。理查一世当政期间只在英格兰度过了几个月，其余时间或在家乡阿基坦，或东征西讨，或身陷囹圄。他参与的战争主要有第三次十字军东征（1189—1192），腓力二世也参与了这场战争。当时，腓力二世和理查一世结成了一对不甚协调的盟友，但腓力二世身体抱恙后决定返回法兰西。趁理查一世在外远征，腓力二世继续攻下英格兰在法兰西的领土。

理查一世一心想要返回家乡保卫领土，不料却在维也纳附近被奥地利（Austria）公爵利奥波德五世（Leopold V）所俘，随后被神圣罗马帝国皇帝关押，对方要求收到赎金才肯放行。在为此额外出了钱的那些人里，腓力二世也是其一——但他的目的是请求神圣罗马帝国皇帝将理查一世的押期延长。

在这期间，腓力二世继续攻下安茹王朝在法兰西的领土，甚至在理查一世被释放后重回军队指挥时仍不收手。这一时期战争时断时续，间以停战及谈判，腓力二世时赢时败。1199 年，理查一世被敌军弩手射伤去世，腓力二世面临的军事形势有所好转。

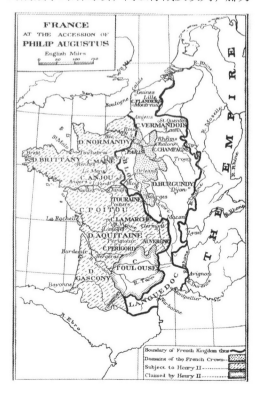

在中世纪，国家之间没有正式划定现代意义上的国界，一国的领土取决于封建制度的效忠关系。腓力二世即位时，法兰西的大部分领土效忠于英格兰国王。

理查一世没有留下正统的子嗣，于是任命弟弟约翰为继位者。由于贵族另有心仪的国王候选人，安茹王朝内部发生了分裂，但 1200 年腓力二世承认约翰在法兰西的安茹领土的国王地位，以此换取了部分领地。这一局面持续到 1202 年，战争再次爆发。

约翰王把法兰西的战事丢给部下，逃回英格兰，腓力二世得以征服诺曼底。腓力二世的战果之一是他在 1203—1204 年攻下的防御力强、工事高深的盖拉德城堡（Château Gaillard）。盖拉德城堡是理查一世最受瞩目的伟绩之一，它的失守使其继位者信心大减。

随着较量继续进行，腓力二世的战果更加丰硕，但在 1214 年，约翰王的部队联合神圣罗马帝国皇帝旗下的大批欧洲贵族，与腓力二世对峙。在腓力二世的对手

在布汶战役中被击落马时，腓力二世差点死于非命。落马的骑士可能会被敌人从盔甲的缝隙中刺伤，或被重器殴打致死。

中，有的是不满其统治的反叛分子，有的是受到了教皇的教唆，有的则是为了支持盟友才加入战斗。对手固然是一支强有力的军队，但并不团结，腓力二世正好利用了这一弱点。

迎战途中，腓力二世在布汶（Bouvines）停留，那里的地势对他有利。随后他便在原地等待敌人落入掌心。敌军以当时常用的三方阵队形行进，先头部队抵达时，其将领的指挥正中腓力二世的下怀；他们没有等待其他部队支援，立即发起冲锋。对手的其他部队到达时马上加入战斗，三三两两地攻击腓力二世手下准备充分的军队。即便如此，法军还是应付得颇为吃力，腓力二世被拉下马。然而，最初的一场惊吓过后，人数上不占优势的法军终于击溃对手。

布汶战争胜利后，法兰西领土之内再也无人敢挑战腓力二世的统治。他在1223年去世时，法兰西王国的实力远比他继承时要强大得多，英格兰王国的存在感也被极大地削弱了。腓力二世确立了法兰西王国的支配地位，也使英格兰永远失去了在法兰西的领土。

安茹帝国

欧洲的贵族包括三大王朝，通常合称为"安茹"（Angevin），意指其"来自安茹地区"。亨利二世在英格兰建立的金雀花（Plantagenet）王朝就是其一。除了英国王室的领土外，亨利二世还继承了诺曼底和安茹。他与阿基坦的埃莉诺（Eleanor of Aquitaine）结婚后，还拥有了埃莉诺名下广袤土地的统治权。

这就引发了潜在的矛盾：因为英格兰也是法兰西的附属国——如果把法兰西国王看成整个王国的领主的话。因此，这几代法兰西国王都想要重新控制安茹帝国的领土。为达到目的，腓力二世不紧不慢、小心谨慎地掌控着局面，在小冲突之后采用谈判的方式一点点地收回了领土。

后来英法百年战争便围绕着英格兰曾经在法兰西拥有的领土，以及英格兰在约翰王之后在法兰西仅剩的小片领土展开。但百年战争和腓力二世在位时的战争已经截然不同。腓力二世经历的是封建土地所有者之间的领土抢夺，而后来的百年战争则旨在解决英法两国之间的矛盾，具有现代国际冲突的特征。

阿基坦的埃莉诺死后葬于丰特弗洛修道院（Fontevraud Abbey）。她与英格兰亨利二世的婚姻对英格兰王国有着深远的影响。英格兰不仅由此扩张了领土，而且理查一世不在国内时，埃莉诺的治理也产生了很大影响。

亚历山大·涅夫斯基（1221—1263）

抵抗德意志和瑞典侵略者，保卫罗斯

　　罗斯民族的具体身份究竟为何，至今仍有许多疑问，但他们似乎是斯拉夫文化和斯堪的纳维亚文化的融合。如果这一猜测属实，在人口压力和对新机遇天生的好奇心的驱使下，斯堪的纳维亚人向东进发，约公元 9 世纪前夕，他们来到了斯拉夫部落的领地。这些好战的新来者很快成了出类拔萃的战士，成为领袖，负责保护族人，也因此进入社会上层。

　　罗斯人起初以诺夫哥罗德（Novgorod）为活动中心，后来转移到基辅（Kiev）。他们扩张领土，收容更多斯拉夫部落，发展自己的文化，为现代的俄罗斯社会文化打下基础。基辅罗斯公国在 11 世纪初达到繁荣昌盛的顶点，当蒙古人（Mongols）抵达其领土东缘时，基辅罗斯正由盛转衰。

蒙古帝国（Mongol Empire）是几大部落的联盟，首领是孛儿只斤·铁木真（Temujin Borjigin，1162—1227），即大家熟知的成吉思汗（Genghis Khan）。结盟之前，这些分散的部落只能四处惹一些小麻烦，但结盟之后，他们在极短的时间内开辟了一个有史以来最庞大的帝国。1206 年，铁木真被授予"成吉思汗"的称号，蒙古帝国建立。1223 年，蒙古帝国已和基辅罗斯处于交战状态，基辅罗斯尽管在军队规模上远胜蒙古，但依然落败。

亚历山大·涅夫斯基死前曾任圣职，逝世后被公认是圣人。1547 年他被追封为圣徒，多年以后彼得大帝（Peter the Great）下令将其遗体移送至圣彼得堡（St Petersburg）。

正是在这一忧患重重的境地下，亚历山大·雅罗斯拉维奇（Alexander Yaroslavich）降生了。作为弗拉基米尔（Vladimir，俄罗斯在中世纪时期的首都之一）大公的儿子，他被邀请担任诺夫哥罗德的王公（Knyaz）。这一称号在英语中可译为"王子"（Prince）或"公爵"（Duke），当时的情况则意味着雅罗斯拉维奇这位贵族被指定为战时领导者，但他在和平时期没有多少政治权力。

诺夫哥罗德当时处于瑞典军队的威胁之下，个中原因复杂，既涉及与芬兰部落的冲突，又关乎穿越诺夫哥罗德领土的几条商路的争端。1240 年，得知一支斯堪的纳维亚舰队已经登陆，敌人正朝拉多加湖（Lake Ladoga）进军后，亚历山大·雅罗斯拉维奇率军向敌人进发。关于这场战争的记载不尽相同，但似乎可以肯定的是，亚历山大在涅瓦河（River Neva）边出其不意地击溃了瑞典人。他凭借这一战绩赢得了"涅夫斯基"（Nevsky）[1] 的称号。

亚历山大·涅夫斯基是俄罗斯公认的最伟大的英雄人物。俄罗斯有用其名字为战舰命名的传统。

　　或许是因为插手了职权之外的事务，亚历山大·涅夫斯基在诺夫哥罗德迅速失宠。他被赶走了，但两年之后，当诺夫哥罗德再度面临来自西方的威胁时，他又被重新请回。这次他的对手是条顿骑士（Teutonic Knights）十字军，他们的目的是在异教徒罗斯人的土地上传播基督教。对方的援军有瑞典人、丹麦人、挪威人和芬兰人。虽然这些人的目的各不相同，但都对诺夫哥罗德不怀好意。

　　十字军并非一支秩序井然的部队，行军时分为松散的三支队伍，距离过远以至无法相互支援，因此被逐一击溃。瑞典军队在涅瓦河岸再一次败给了罗斯人。丹麦军队逼近诺夫哥罗德，攻下卡波尔耶（Kaporye）镇，表现稍佳。

　　同时，条顿骑士团和援军朝楚德湖（Lake Peipus）进军，当地民兵反攻失策，骑士团占领普斯科夫（Pskov）。亚历山大·涅夫斯基先是夺回了卡波尔耶，后又发起突袭，把骑士团赶出了普斯科夫。尽管十字军的人马少得多，但他们在一场小冲突胜利后士气大振，将涅夫斯基的军队追至结冰的楚德湖湖面。尽管部分援兵撤退，而涅夫斯基部队的庞大阵形又令人望而生畏，十字军还是轻率地发起了进攻。涅夫斯基安排弓兵上阵，他们处在精心挑选的适合防御的位置，因此十字军遭遇重创。随后，涅夫斯基部队的骑兵从敌人的侧翼夹攻，凭借人数的优势歼灭了对手。

　　这场冰上大战曾被拍成电影，影片中罗斯人用击碎冰块的方式来粉碎敌军。这并不太符合现实。事实上，涅夫斯基出色的战略指挥才是赢得这场战役的关键——比方说他将弓兵集中安排在敌人的侧翼，可以轻易射中敌人不受盔甲保护的体侧。楚德湖一战大败，条顿骑士团不得不从诺夫哥罗德撤退。

　　面对蒙古的威胁时，亚历山大·涅夫斯基做出了明智的选择。他没有进行无用的抵抗，而是选择了臣服和效忠，成为蒙古的地方首领。当弟弟安德烈起身反抗蒙古统治者时，亚历山大·涅夫斯基将其镇压，被金帐汗国封为罗斯大公（Grand Prince of Russia）。这是俄国沙皇（Tsars）的起源。1547 年，涅夫斯基被追封为圣徒。

---

[1]　指涅瓦河的英雄。——译者注

楚德湖的"冰上大战"（Battle on the Ice）是美术、电影和音乐经久不衰的主题。它之所以成为传说，或许是因为模糊了史实，人们有时会把 1938 年的一部电影中经过改编的情节当成事实。

蒙古帝国

　　12世纪早期，蒙古利亚（Mongolia）草原及周边地区的居民分裂成许多个部落，在彼此的争斗冲突中消耗了许多潜力。其中蒙古部落异军突起，击败了中国北方的金国，但很快再次陷入分裂。因此，1162年铁木真出生时，他所在的部落弱小无权。铁木真还是少年时，其父亲就被杀害，蒙古部落的处境更加艰难。

　　虽然起初困难重重，但铁木真最终率领自己的联盟镇压了其他蒙古部落，于1206年被封为"大可汗"（Great Khan），西方常译为"成吉思汗"。虽然蒙古帝国是众多部落组成的联盟，但组织极为严密，有明确的指挥机制，能够传达复杂的命令。因此蒙古也征服了中国北方，虽然在攻占防守森严的城镇时他们胁迫了中国的工兵提供援助。

　　蒙古军队继续挥师西进，占领了波斯（Persia）的花剌子模帝国（Khwarazmian Empire）。花剌子模军队的作战策略要依赖城防工事和地方的卫戍

成吉思汗建立的蒙古帝国是其人格的产物。成吉思汗去世后，帝国马上出现了分裂的端倪，但直至第五代可汗忽必烈去世时，帝国才分裂成众多汗国。

部队，但面对拥有优越机动能力的蒙古部队却束手无策。成吉思汗生前征服了花剌子模帝国的绝大部分领土。1227 年，成吉思汗去世，蒙古帝国在他的几位儿子手中分裂，其中窝阔台（Ogodei）地位最高。自此，蒙古帝国逐渐分裂成众多汗国，但势力依旧强大。

蒙古帝国征服了基辅罗斯，清除了进军波兰和匈牙利的障碍。

1242 年窝阔台去世，蒙古军队只好返回。不久帝国便瓦解了，其西部地区发展成了金帐汗国（Golden Horde）。蒙古帝国势力依旧强大，但帝国的本质逐渐发生了变化。帝国的第五位（最后一位）可汗——忽必烈可汗（Kublai Khan）——在名义上享有蒙古各宗族的效忠，但这一协定执行起来困难重重，难以得到四方的配合。与其说忽必烈可汗是游牧民族的战争领主，不如说他是一位中国的帝王。

1294 年，忽必烈可汗去世，众多汗国各行其是，但直至 1405 年帖木儿（Timur Lenk）逝世，金帐汗国都是东欧的一支重要的政治力量。即便在帖木儿去世后，分裂的各汗国也继续向周边各国征收贡品，直至 1502 年才被罗斯人彻底驱逐。

瓦迪斯瓦夫二世·雅盖沃（1386—1434 在位）

击退条顿骑士团，保卫波兰 - 立陶宛联邦

匈人入侵欧洲后，欧洲出现了一些人口稀少的地区，波兰便是其中之一。5 世纪开始，斯拉夫民族迁徙到这里。尽管不断遭到匈人、阿瓦尔人及其他游牧民族的入侵，斯拉夫民族还是不断壮大起来，他们建造的城镇逐渐成为权力中心。10 世纪末时出现了一个统一的王国，但很快又瓦解了。

瓦迪斯瓦夫一世（Wladyslaw I，1260—1333）上任时，波兰分裂成众多小国。1296 年，他被选举为大波兰（Great Poland）的王公，但随后又因巴伐利亚的瓦茨拉夫二世（Wenceslaus II）上位而被罢黜。瓦迪斯瓦夫一世在教皇的支持和匈牙利的援助下，先征服了小波兰（Little Poland），随后攻下了大波兰。他把王国的疆域扩张

至波美拉尼亚（Pomerania），但这片领地在 1308 年失于条顿骑士之手。尽管如此，瓦迪斯瓦夫一世在 1320 年重新统一波兰，加冕为王。

1333 年，瓦迪斯瓦夫一世逝世，其子卡齐米日（Casimir）继位。卡齐米日的治理极为出色，被后人称为"卡齐米日大帝"（Casimir the Great）。1325 年，卡齐米日与立陶宛大公之女阿尔多纳 – 奥娜（Aldona-Ona）结婚。虽然他们膝下没有子嗣，但这宗婚事象征着波兰和立陶宛两位宿敌之间的妥协。1386 年，立陶宛大公雅盖拉（Jogaila）与波兰女王雅德维加（Jadwiga）成婚，两人共同统治国家，直至 1399 年雅德维加去世，雅盖拉成为一国之主。

受洗结婚后，雅盖拉得名瓦迪斯瓦夫二世·雅盖沃（Wladyslaw II Jagiello），他建立了统治波兰和立陶宛至 1572 年的雅盖隆（Jagiellonian）王朝。波兰 – 立陶宛联邦是欧洲当时最强大的王国之

瓦迪斯瓦夫一世，卡齐米日大帝的父亲，生前统一波兰并加冕为王。他的一生在政治和军事斗争中度过，为立陶宛（欧洲最大的基督教王国）的最终统一打下铺垫。

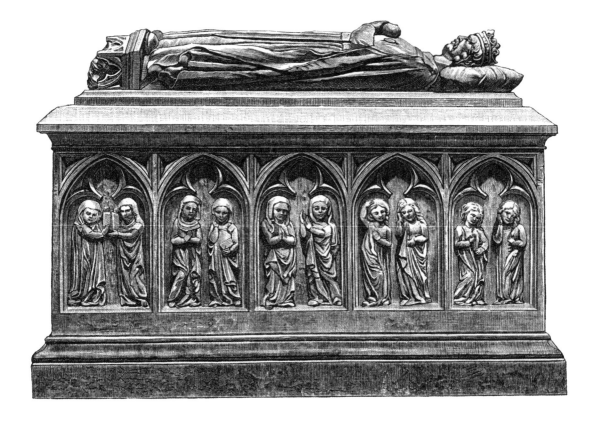

一，但屡屡受到试图在立陶宛传播基督教的条顿骑士团的威胁。虽然雅盖沃使立陶宛在 1387 年皈依了基督教，但条顿骑士仍然质疑他的虔诚——又或许条顿骑士只是借此为政治阴谋打掩护罢了。

1409 年，立陶宛声明支持条顿骑士团领土上爆发的一场起义，双方开战。条顿部队虽然人马较少，但反而能集中体现强大的军事实力，他们清楚地认识到主动进攻胜算最大。条顿骑士挥师入侵波兰，由于波兰军队尚无准备，起初非常顺利。随后战争停火，双方转而进行政治博弈，条顿骑士团企图分裂波兰－立陶宛联邦。

但离间计失败了，波兰－立陶宛联军挥师朝着骑士团据点马林堡（Marienberg）进发。这打了骑士团个措手不及，尤其是雅盖沃不断声东击西地突袭，为他们实际的行军路线打掩护。骑士团本以为波兰和立陶宛会分开行军，因此从中间的位置发起进攻，就能把他们逐个击破。但是实际上，骑士团要直面的是一支联合军队。

两军的部队中有来自邻国的分遣队、盟军、雇佣兵和十字军的兄弟同道。波兰－立陶宛联军中有蒙古骑士，而条顿骑士团则配有原始大炮。但大炮在战斗中发挥的作用小之又小。

条顿人本打算挑衅敌军，使其攻击己方防御良好的部位，然后派骑士进行强有力的反击。为了达到这一目的，他们把两把剑送给了雅盖沃，意为雅盖沃需要敌人的帮助。这个把戏没有想象中那么奏效，但立陶宛部队在最初的交战之后开始撤退。这时的假意撤退被描述成诱敌深入，但这种说法是否可靠，值得怀疑。

和波兰女王雅德维加成婚后，立陶宛大公雅盖沃得名瓦迪斯瓦夫，以瓦迪斯瓦夫二世·雅盖沃之名统治。这对夫妇建立了一个统治波兰近两个世纪的王朝。

　　波兰－立陶宛后备部队及时赶到，稳定了局势，立陶宛军队恢复了士气，重新投入战斗。最终，条顿军队被迫撤回驻地，奋力抵抗但依然惨败。关于这场战役，参战人数、战斗过程甚至战役名称的记载都不尽相同：波兰方面通常称之为"格伦瓦尔德战役"（Battle of Grunwald），而德意志方则因为战争发生在坦能堡附近而称之为"坦能堡战役"（Battle of Tannenberg）。

这场战役过后，条顿骑士团的几处要塞被攻下，但其首都马林堡始终没有陷落。同年，修整过后的条顿骑士再次发起进攻，但在科洛诺瓦（Koronowo）战败，之后便一蹶不振。虽然后续又发生了几次冲突，但雅盖沃终结了条顿人对波兰的威胁。格伦瓦尔德战役（或称坦能堡战役）的神话传遍了几个国家——神话的不同版本通常差别很大。

坦能堡战役是当时欧洲政治局势的缩影。欧洲上下都派出了军队参战，甚至包括蒙古。此外，原始大炮初露头角，尽管作用甚微。

约翰·巴里奥能坐上苏格兰王位，英格兰国王爱德华一世有不小的功劳。但苏格兰和法兰西结盟后，爱德华一世举兵入侵苏格兰废黜了约翰·巴里奥。离开苏格兰时，爱德华把斯昆石（the Stone of Scone）带回了英格兰。

罗伯特·布鲁斯（1274—1329）

苏格兰民族独立英雄，班诺克本战役胜利者

罗伯特·布鲁斯的童年在苏格兰王室的一场危机中度过。1286年，亚历山大三世（Alexander III）意外身亡，但他活得比他的儿子们都长寿。1284年，亚历山大准备让年幼的孙女玛格丽特继位，但玛格丽特在1290年病逝，王位后继无人。当时，苏格兰还没有处理这种情况的法律，由此引发的争端恰好被英王爱德华一世（Edward I）所利用。

戈尔韦的约翰·巴里奥（John Balliol of Galway）成了最终的国王人选，爱德华和许多苏格兰人对此相当赞同——起码一开始是这样的。1292年，约翰·巴里奥加冕为王，但爱德华一世很快就把苏格兰当成傀儡般对待，一心削弱巴里奥的权威。结果，英格兰和苏格兰不可避免地兵戎相见。几次偷袭之后，英军举兵入侵苏格兰，约翰·巴里奥被逼投降。1296年，巴里奥放弃王位后流落他乡，苏格兰再次陷入无主的境地。

斯特林堡（Stirling Castle）是英格兰和苏格兰交战的战略要地，占领斯特林堡对深入敌军腹地意义非凡。因此，斯特林堡见证过多次冲突。

此前，王位竞争者中还有另一位老罗伯特·布鲁斯（Robert Bruce），即罗伯特·布鲁斯的祖父。布鲁斯家族反对年幼的玛格丽特继承王位一事，埋下了将这个家族卷入后续战争的积怨。布鲁斯家族拒绝承认约翰·巴里奥的国王地位，后来更是支持威廉·华莱士（William Wallace）领导的反抗英格兰的起义，尽管布鲁斯家族被任命镇压这场起义。

1297 年的斯特林桥（Stirling Bridge）一战，华莱士击败英格兰军，大获全胜；次年的福尔柯克（Falkirk）一战，他却一败涂地。这场败战使华莱士的声望一落千丈，1305 年，他被部下出卖，成了英军的战俘。苏格兰的领导权落入两位宿敌——罗伯特·布鲁斯和约翰三世·科明（John the red Comyn）手中。

1302 年，罗伯特·布鲁斯向英王投降，不再和约翰共同投身反抗英格兰的斗争。1306 年，布鲁斯在一次争执中刺死了约翰。讽刺的是，布鲁斯的原意是想诚心赢得约翰的支持。

罗伯特·布鲁斯败给了爱德华一世，但他和爱德华二世似乎势均力敌。在他的领导下，班诺克本（Bannockburn）一战大捷，至今仍让苏格兰人民感到自豪。

罗伯特·布鲁斯被苏格兰人选为新国王，爱德华一世对此颇为不满。布鲁斯被英格兰军队废黜后被迫逃往爱尔兰，但他最终再次组织游击队，起兵反抗英格兰。此时他的对手成了爱德华二世（Edward II）。爱德华一世已经去世，爱德华二世登上了王位，但他成不了他父亲那样伟大的战士。

由于苏格兰法律无法处理王位后继无人的情况，罗伯特·布鲁斯最终登上苏格兰王位。

英格兰和苏格兰的决战发生在 1314 年，史称班诺克本战役。在此之前，罗伯特·布鲁斯已经从英格兰手里夺回了苏格兰的多处城堡。这时他包围了斯特林堡，这里是英格兰和苏格兰互通的门户，控制着福斯河（River Forth）的渡口。城堡的守卫部队已经同意，如果仲夏之前援兵仍未赶到，就向苏格兰投降，这是当时战场的惯例。

爱德华二世率军前往增援斯特林堡，他对自己部队里的骑兵和弓兵的战斗力信心十足。苏格兰一方的骑兵则少得多，大部分士兵都是配有长矛的自由民，顶多只能算轻型武装，但是善于应对孤军奋战的骑兵。

起初，爱德华二世的军队试图直逼城堡，但被意志坚定的长矛兵击退了。随

现代的一些言论认为苏格兰军队能打赢班诺克本一战是因为圣殿骑士团（Knights Templar）的援助，除此之外还有更多新奇的猜测。尽管如此，苏格兰胜利的原因其实很简单：英格兰所处地势不利，而苏格兰充分利用了这一条件。

后夜幕降临，双方暂时停战。当晚，爱德华二世犯了一个严重的战略错误：他试图在黎明前把军队重新部署一番。当清晨的第一道曙光出现时，苏格兰长矛兵激动地发现英格兰重骑兵正混乱无序地在沼泽中艰难前行，于是立马攻其不备。

爱德华二世勉强逃过一劫，试图闯入斯特林堡。他自然被赶走了，因为城堡的守卫部队曾立誓，如果英格兰军队没有解困城堡，就向苏格兰投降，那时国王恐成战俘。爱德华二世设法逃往邓巴（Dunbar），后来又回到了英格兰。他在国内继续统治，直至 1327 年才被废黜。

1320 年《阿布罗斯宣言》（Declaration of Arbroath）发表，罗伯特·布鲁斯被承认为苏格兰合法国王，教皇也在 1324 年承认其统治权。此前法兰西和苏格兰结盟的协议也再次更新，双方承诺在与英格兰发生冲突时互帮互助。

罗伯特·布鲁斯在位时努力促使爱尔兰和苏格兰结成反英同盟。他在爱尔兰投身运动，支持弟弟爱德华，爱德华在 1316 年加冕为爱尔兰高王（High King of Ireland）。爱德华·布鲁斯战死后，这一雄心壮志最终破灭。

1328 年，英格兰王室终于承认罗伯特·布鲁斯为苏格兰国王，但布鲁斯次年就离开了人世。他唯一未竟的雄心是参与一次十字军东征，于是他命令一队苏格兰骑士在自己死后带着自己的心脏进行东征。然而，这队骑士并未抵达圣地，他的心脏被带回了苏格兰，安葬在梅尔罗斯修道院（Melrose Abbey）。

斯特林桥战役

13 世纪末，人们普遍相信，步兵一旦遇上骑兵则必将溃败，即便步兵能守住阵地，最终也只能沦为骑兵优越作战能力的牺牲品。威廉·华莱士领导的一众起义军虽然信念坚定，但也只是装备简陋的步兵而已，没人指望他们能抵挡住英格兰军队的猛攻。

华莱士已经从英格兰军队手中攻下了多座堡垒和重镇，斯特林堡便是其中之一。斯特林堡掌控着福斯河的渡口，也是进入苏格兰的大门。

华莱士在福斯河北岸驻扎，坐等英格兰部队到来。英格兰方先派了一些步兵过桥，但他们随后又被撤回。

　　这时英格兰骑兵开始进攻。等到穿越窄桥、开始进攻的敌军已经有了一定数量但又不至于多到无法对付时，华莱士派人把桥砍断，切断了敌方援军的来路。过了桥的士兵被截了后路，遭到大肆屠杀，对岸的部队不由得陷入溃乱，退缩不前。这是步兵大败骑兵的罕见一例，这一招之所以顺利无阻，全靠华莱士对战斗地点的细心挑选。

拆毁斯特林桥，切断敌军的来路，威廉·华莱士这一招固然巧妙，却无法在别处复刻。

英格兰的爱德华三世（1312—1377）

英格兰军事霸权的缔造者

　　1314 年在班诺克本打了一场不光彩的败战之后，英格兰国王爱德华二世的势力已经极度薄弱，他之所以能免于一死，是因为敌人内部发生了纷争。1318 年，在休·德斯彭瑟（Hugh de Despenser）的支持和引导下，英格兰国内的情况有所改善，但爱德华对休·德斯彭瑟失控般地偏袒疏远了其他支持者。在转而反对他的人中，有一位便是他的妻子，来自法兰西的伊莎贝拉（Isabella of France）。

　　1325 年，伊莎贝拉携儿子温莎的爱德华（Edward of Windsor，即后来的爱德华爱德华二世亲手播下了走向毁灭的种子。他终被废黜，其子爱德华三世上位。

三世）前往法兰西。爱德华将领受阿基坦公爵的头衔，并以公爵身份致敬法兰西国王。伊莎贝拉在法兰西与之前被流放的罗杰·莫蒂默（Roger Mortimer）勾结，在 1326 年回到英格兰，废黜了爱德华二世，处决了他身边的宠臣。爱德华二世被迫退位，以令儿子登基。他的敌人盼着他在狱中安静死去。但爱德华二世拒绝服从，最终被杀害。

年轻的爱德华三世起初只是伊莎贝拉和莫蒂默的傀儡，但他的力量逐渐壮大，直到 1330 年，爱德华三世把莫蒂默投入狱中，不久将其处死。他的母亲伊莎贝拉从此退居幕后，他开始重新打造自己王国的未来。班诺克本一战大败，英格兰北部后来惨遭劫掠蹂躏，爱德华三世要一雪前耻，就必须废黜苏格兰国王，将统治权夺回手中。

在班诺克本一战中取胜的苏格兰国王罗伯特一世和他的左膀右臂都去世了，只留下年幼的大卫二世（David II）继承王位，身边没有谁能提供强有力的支持。在这一有利局势下，爱德华·巴里奥（Edward Balliol，此前苏格兰王位竞争者约翰·巴里奥之子）和一群被流放的苏格兰贵族在英格兰的支持下前来争夺王位。1332 年，爱德华·巴里奥加冕为苏格兰国王，但仅在几个月之后就被驱逐出境。

爱德华三世对苏格兰宣战，取得了 1333 年哈利顿山战役（Battle of Halidon Hill）的胜利。尽管这场战役规模不大，但它开创了一种胜战的模式，这种模式在后续多场战争中都派上了用场。弓手被集中安排在防御地带，由身穿盔甲的重骑兵保护。敌人迎面冲来时，弓兵放箭瓦解他们的冲锋阵，骑兵则对付那些冲到两军交接的前线的敌人。在哈利顿山一役中，大批苏格兰长矛兵被无情碾压，而这种战术在对付法兰西贵族骑兵时同样奏效。

爱德华·巴里奥两次登上苏格兰王位，但两次均被废黜。作为法兰西的同盟，大卫二世向英格兰宣战。1346 年内维尔十字（Neville's Cross）之战的惨败使大卫二世沦为 11 年的阶下囚。最终，苏格兰花了赎金把他赎回，英格兰和苏格兰也签订了长期停战协议。

与此同时，英格兰和法兰西正在交战。战争起因非常复杂，原因之一是爱德华三世公然宣称自己是法兰西国王。在 1340 年的斯鲁伊斯（Sluys）海战中，英格兰组织松散的海军大败法军。实际上这是一场在海上交锋的陆战，两军的士兵甚至

登上了对方的船肉搏，弓兵也在旁支援。这场战争是后来被称为
"英法百年战争"（Hundred Years' War）中英军取得的首次重大胜利。
这场海战的胜利使法兰西再无可能入侵英格兰。

　　1346 年，爱德华三世在瑟堡（Cherbourg）登陆，大肆劫掠当
地村庄，严重损害了当地的经济。即将抵达巴黎时，爱德华三世患
上痢疾，衰弱不堪，于是英军停止东进，进行休整。在长弓兵的庇
护下，爱德华的部队强行穿越索姆河（River Somme），击退了试图
拖延时间，好让法军追赶上来的弩兵。英军继续朝安全地带行进
时，法军对其队尾进行了攻击。显然，爱德华三世要么部署战斗，
要么落入虎口。

下图的克雷西
战役与事实相
去甚远。图中明
显可以看到占
据前线的是弓
兵而非骑士。

1346 年，英格兰在内维尔十字之战中取得大捷。此后英格兰与苏格兰休战，爱德华三世得以全力应对与法国的战争。

爱德华三世选中的作战地点在克雷西昂蓬蒂约（Crécy-en-Ponthieu），此处地形十分利于英军的弓手击退法军的冲锋。次日，法军接连冲锋上坡，英军则再次用上了哈利顿山的战术。法国重骑兵的战斗力被斜坡地形和密集的箭雨大大削弱，他们一冲到前线就被英格兰士兵击退了。几门大炮也派上了用场，但顶多就是制造了噪声而已。

根据克雷西战役（Battle at Crécy）的记载，法军至少向英军发起了 15 次进攻，这还不算当地小型部队的进攻。在这场残酷的战争中，爱德华三世的儿子——也叫爱德华，他更广为人知的称号是"黑太子"（Black Prince）——在领导一众士兵的过程中大受激励。法军最终在午夜前后停止了进攻，英军在夜幕的掩护下撤离。

尽管法国骑兵损失惨重，但英军也并非毫发无损。然而，从战略层面来说，爱德华三世打赢了非常重要的一仗，因为他重创了法军，把英军从极为危险的境地中解救出来。同时，他还为英法百年战争的战斗模式奠定了基础。英军采用联合兵种策略，以强有力的骑兵或用于防御的步兵作为弓兵的补充，节节制胜。

爱德华三世此后的统治一帆风顺，但与他的儿子们相比则黯然失色——尤其是黑太子爱德华和冈特的约翰（John of Gaunt）。爱德华三世开创了一种能够有效抗衡法兰西（中世纪与英格兰交战最频繁的对手）的军事体制。

克雷西战役、普瓦捷（Poitiers）战役、阿金库尔（Agincourt）战役是百年战争中英军的三大捷战。

爱德华三世深知海权的重要性。通过控制英吉利海峡，他保卫了英格兰领土，且确保了他能让军队在自己选择的时间登陆法国。

哈利顿山战役证明了联合兵种作战策略在对阵作战模式单一的敌军时的优势。苏格兰方的进攻被弓手击退，战斗最后变成了空手对决的白刃战。

英格兰的理查二世幼年即位时，他在位几年都仅仅是摄政者的傀儡。重新夺取权力之后，他的地位依然十分薄弱，所以才被亨利·博林布鲁克废黜。

英格兰的亨利四世（1367—1413）

争夺王冠的坎坷之路

爱德华三世把公爵头衔引进英国的贵族阶层，并把这一头衔专门留给国王的亲信。公国则作为封地分给没有继承王位的王子，这样一来，王子就能继续作为王室亲信享有财富和权力，又不会削弱国王的权力和地位。其中，冈特的约翰是兰开斯特（Lancaster）的首位公爵，他也是亨利·博林布鲁克（Henry Bolingbroke）的父亲。亨利·博林布鲁克是德比伯爵（Earl of Derby），即后来的亨利四世。

1377年，黑太子爱德华之子、爱德华三世之孙理查即位时，有权有势的贵族试图控制这位年轻的国王。其中最主要的几位被称为"诉追派贵族"（Lords Appellant），1388年的"残酷议会"（Merciless Parliament）便是这些贵族为了继续限制王权而精心策划的一步。在这次议会中，国王的几位亲信被指叛国。这些亲信有的被迫逃亡，有的被处死。格洛斯特公爵（Duke of Gloucester）托马斯（Thomas）、德比伯爵亨利都是诉追派贵族的成员。

理查二世成年后终于巩固了王权，击垮了诉追派贵族的势力。他们有的被从宽处理，有的则被流放甚至处死。德比伯爵亨利继续留在宫中，显然已经转向支持国王。亨利被提拔为赫里福德公爵（Duke of Hereford），然而就在一年之后的1398年，亨利与诺福克公爵（Duke of Norfolk）发生争执，被流放他乡。

为了解决二人之间的冲突，亨利·博林布鲁克本来将与诺福克公爵决斗，但理查二世决定将他们两位流放。

此时，理查二世似乎骄傲自满起来，1399年，他携所有亲信远征爱尔兰，亨利借此机会乘虚而入。亨利只遭遇了些许轻微的抵抗，并且很快就成了英格兰的主宰。理查投降后被迫退位，最后命丧牢狱。

1400年，亨利四世即位后就遇上了理查二世残余势力的反抗，还面临着与苏格兰和法国的摩擦。局势刚刚稳定，欧文·格伦道尔（Owen Glendower）又在威尔士发动起义。1400年，格伦道尔未被召参加苏格兰远征，由于没有为国家出力而被指叛国，因此被迫发动起义。亨利前后三次出兵威尔士，但叛乱仍未止息。实际上，欧文·格伦道尔已经与诺森伯兰（Northumberland）的珀西（Percy）家族结盟。

1402年，珀西家族在霍米尔登山战役（the Battle of Homildon Hill）中俘获了苏格

在威尔士领导这
场起义之前，欧
文·格伦道尔为
英格兰效力，镇
压苏格兰。起义
起初非常成功。
他一直未被俘获，
传说当威尔士受
到威胁时，他会
再度归来。

兰的道格拉斯伯爵（Earl of Douglas）。亨利四世要求交出道格拉斯伯爵，触怒了珀西
家族。他们本打算用道格拉斯换一大笔赎金，但遭到了国王的断然拒绝。珀西家族
要求国王付赎金解救被囚禁在威尔士的爱德蒙·莫蒂默（Edmund Mortimer）时，亨
利四世也拒绝了。这时，珀西家族干脆释放了道格拉斯伯爵，说服了他一起加入反
抗国王的阵营。决战发生在1403年的什鲁斯伯里（Shrewsbury），这场战役以亨利·珀
西（Henry Percy）的惨败而闻名。他因好战且精力充沛，被称作"热刺"（Hotspur）①。

　　亨利四世听说有几位甚为勇猛的战士发誓要来杀他，于是安排几位骑士扮成

————————
① 意为性急的人。——译者注

诱饵，自己则身穿普通的盔甲。果不其然，假扮国王的骑士都被杀死了——道格拉斯伯爵宣称他那天杀掉了三个国王，但国王的身影依然在战场上反复出现。亨利四世隐藏得很好，得以逃过一劫。什鲁斯伯里之战结束后，北方获得了暂时的安定，后续的起义被再次镇压，亨利认定约克大主教（Archbishop of York）教唆起义，将他处决。后来亨利身体状况一直欠佳，大家认为正是这一举动触怒了上帝。

在法国的援助下，欧文·格伦道尔在 1405 年控制了威尔士大部分地区。然而，亨利四世之子（未来的亨利五世）接连

亨利·珀西满心以为欧文·格伦道尔会赶来援助，但遇上亨利四世的军队时，他只好孤军奋战。尽管杀死了亨利四世用于伪装的几个诱饵，但亨利·珀西的军队在首领被杀后匆忙逃离。

打败格伦道尔，于是叛乱在 1409 年终于止息。欧文·格伦道尔的妻子和孩子被俘，而他本人下落不明。

由于亨利健康状况不佳，国内事务曾一度由他指定的议会经手，他儿子们的成就也令他的晚年时光黯然失色。1413 年，亨利四世去世，虽然亨利四世的统治并非名正言顺，还面临着无数政敌的坚决反对，但他为自己的儿子亨利五世赢得了稳固的王位继承权。

亨利四世统治期间叛乱重重。叛军主要有欧文·格伦道尔，以及亨利·珀西（诺森伯兰伯爵，"热刺"亨利的父亲）领导下的强大珀西家族。

英格兰的亨利五世（1387—1422）

赢得阿金库尔战役，主宰英吉利海峡

未来的亨利五世是德比伯爵亨利·博林布鲁克之子。1398年父亲被流放时，亨利五世依然留在宫廷，显然还和当时的国王理查二世保持着友好关系。亨利·博林布鲁克回归英格兰后夺得王位，亨利五世成了准继承人，他便开始跟着父亲出生入死。

1403年，未来的亨利五世在什鲁斯伯里之战中对阵珀西家族，也在镇压欧文·格伦道尔领导的威尔士起义时大显身手。父亲的身体状况变差后，亨利的地位日渐高升，一度成为以国王名义管理国家的议会负责人。1411年，由于对政策持不同意见，亨利被免职。

1413年继承王位后，亨利五世一切从头开始。父亲统治时不受待见的贵族重新复职，理查二世也得到了一位国王应有的荣誉，终于安息。亨利五世明确表示父亲的统治秩序已经成为过往。这话意味着他为人宽宏大量，但绝不柔弱顺从。他镇压了罗拉德派（Lollard）宗教运动，虽然这一运动的领头人是他的朋友——约翰·奥德卡斯尔（John Oldcastle）。罗拉德派被镇压后，再次密谋起义并试图刺杀国王，但被亨利五世成功识破。

国内的地位稳固下来后，亨利五世开始与法国谈判。他谈判的重点有1356年被英军俘虏的法国国王约翰二世（John II）的巨额赎金，以及爱德华三世延续下来的法国王位继承权。以领土作交换或王朝联姻是摆在桌面上的两个选项，英法之间长久的和平如此看来不无可能。然而，法国王室不愿献出亨利索取的巨额嫁妆；外交失败后，亨利便潜心谋划入侵法国。

战争一打响，亨利便在哈弗勒尔（Harfleur）攻城战中旗开得胜，此后他率军直奔加来（Calais）。哈弗勒尔攻城战消耗了太多时间，亨利的军队染上疾病，元气大伤。碰上法国骑士统帅夏尔·德·阿尔布雷特（Charles d'Albret）率领的一支人马更为庞大的军队时，亨利的军队丝毫不在作战状态。

法军的主要兵力是骑兵，英军在人数和战斗力上都绝对无法与之匹敌，因此亨利采取了防御姿态。法军也如此效仿，试图逼迫英军主动进攻。这一招成败参半。英军弓兵前进到射程之内，在与法军主力交战前，每人都在身旁的泥土中插入一根尖头木桩作为防御措施。法军派出骑兵对付这些弓手，但骑兵的冲锋被及时地击退了，法军主力开始进攻时，英军的长弓兵派上了用场。

由于两侧都是树林，法军骑兵冲锋时挤成狭长的队形，脚下的一片泥泞又使他们的速度大大降低。如同克雷西战役和其他几场战役，长弓兵造成法军大量伤亡，但没能阻止他们靠近保护弓兵的重骑兵。两军短兵相接后，亨利五世大显身手，英军拼尽全力，击退法军的多次进攻。

法军在阿金库尔战役中损失惨重，其中贵族尤甚。尽管战场上的兵力仍然属于多数，但法军决定鸣金收兵，亨利于是继续进军加来。除了抵达安全之所，其他

父亲统治时，亨利五世就凭借出色的军事领导才能闻名，他在镇压欧文·格伦道尔领导的威尔士起义时表现尤为出色。

亨利五世曾尝试运用外交手段解决与法国的矛盾，失败后他也很乐意动用更加直接的手段。亨利五世率军入侵法国，取得阿金库尔战役的重大胜利。

举动绝无益处，英军已经人困马乏，能够保全自身便已满足。

虽然亨利五世在阿金库尔战役中未能乘胜追击，但他的下一次出征极为顺利。意识到控制英吉利海峡的重要性之后，亨利便着手粉碎驱逐当时在法国服役的热那亚（Genova）海军，掌握起英格兰对海峡的完全控制权。这也许便是不列颠海军占据优势地位的起点。

依靠精明的政治手段和投机取巧——利用法国贵族和自己的同盟之间的矛盾，亨利在1419年攻下鲁昂（Rouen），包围巴黎。次年双方签订《特鲁瓦条约》（*Treaty of Troyes*），条约规定亨利为法国的摄政王，通过与法国国王之女凯瑟琳结婚，取得王位继承权。凯瑟琳为亨利产下一子（未来的亨利六世），但由于法国起义不断，亨利五世回到法国继续作战。亨利在莫城（Meaux）围攻战中染上痢疾，于1422年去世，英格兰的王冠落到了一名婴孩的头上。

哈弗勒尔攻城战前后持续了一个月，最终法军在谈判后投降。虽然战斗造成的伤亡很少，但英军由于感染了痢疾而人数锐减。

弓兵在阿金库尔战役中的重要性从上图可以看出。通常而言，两军的领袖会出现在队伍中央或前线，但图中由平民组成的弓兵占据了前线。

玫瑰战争（1455—1485）

中世纪早期，国王独揽大权，王令一旦下达，所有人都只能奉命唯谨。随着贵族力量逐渐壮大，情况发生了变化。国王不得不与大臣讨价还价，或要用点计谋才能防止大权旁落。亨利六世（Henry VI）继承王位，对英格兰的贵族来说正是一个大好机会：只要控制了年纪尚小的国王，他们就能步步高升。

这便是后来众所周知的玫瑰战争。战争的主要派别约克（York）家族和兰开斯特家族的标志分别是白玫瑰和红玫瑰。事实上，这场内乱并不仅仅是两大派别之间的纷争，种种混乱的较量和间接的争执使原本已经很麻烦的情况更加复杂。随着纷争的深入，派系身份逐渐模糊，但在纷争的起初，两方泾渭分明：兰开斯特家族控制着

亨利赢得法国战场的胜利后，双方签订了《特鲁瓦条约》，条约规定亨利及其子孙有权在法王查理六世死后继承法国王位。

首都和国王，约克家族权势很大，但势力分散。

1422年亨利五世去世，仅有一岁的亨利六世登上王位。当时，英国正处于百年战争的旋涡之中。不久之后，亨利六世也继承了法国王位，继承权来自其曾祖父查理六世（Charles VI）。未来的法兰西国王查理七世（Charles VII）对此持有异议，而在亨利六世统治期间，英格兰几乎失去了所有在法兰西的领地。

贵族折取不同颜色的花朵，表示忠于不同的派别，这似乎只是莎士比亚的戏剧中的桥段，没有证据证明当时确实发生了。

亨利六世幼年即位，全然不适合成为一国之君。针对亨利六世宠臣的斗争正是玫瑰战争的起因之一。

人人都说亨利六世善良又温和，更适合去当牧师而不是国王，而且他也受不了国王这一身份所带来的精神层面的严酷挑战。他童年时英格兰由摄政者统治，也许自那时开始，他就习惯于服从身边贵族的引导，所以他在很大程度上受几位宠臣的支配。同时，约克公爵理查（Richard）公开对国王及其宠臣表示不满。他之所以被授予威望极高的爱尔兰总督（Lieutenant of Ireland）一职，是因为敌人希望他远离宫中之事。

约克的理查从爱尔兰返回宫中，希望补救当时的情形，却使双方陷入了动用干戈的僵局。理查利用亨利的信任，使他相信自己的目的不过是拨乱反正。但其实他的不满之一便是国王一味听信宠臣，而那些宠臣并不将国王和国家的利益当成最高的准则。

虽然宫廷做了几处细微的调整，但直至1453年都没有什么大的改变。当时，亨利在获悉卡斯蒂隆战役（Battle of Castillon）失败后，精神几近崩溃。约克公爵理查当上了摄政王，但亨利痊愈后，他再次成了其他亲信的陪衬。

理查听闻国王在莱斯特（Leicester）召开议会，但约克家族没有收到邀请，于是他意识到自己即将成为这场政治阴谋的受害者，便想重复之前的招数。理查在圣奥尔本

约克的理查是兰开斯特家族主要的敌人，但理查并非自愿树敌。国王由于精神问题无法理政时，理查的统治公正而仁慈。

斯（St Albans）拦下了赶去会合的国王的军队，试图说服国王，但这回双方爆发了冲突，国王的一方落败。在这场战斗中，亨利六世似乎再次崩溃，且在神志不清的状况下被俘。

约克的理查再次担任摄政王，这一回亨利六世被关进了监狱。当政期间，理查出人意料地公正且宽容，他允许许多国王之前的亲信身居高位，而且事事无偏无党。1456 年，亨利恢复了神志，继续料理国事。约克的理查回到了爱尔兰，不久之后，亨利的身边再次围满了利用国王满足自己野心的奸臣。

> 起初，约克家族和国王的亲信之间仅是几近礼貌的不和。后来，这种不和却发展成了一场残忍血腥的内战。

次年，约克家族的几位领袖被国王召往参加议会，拒绝出席将被视为叛国。但理查和他的同伴都强烈怀疑国王的目的是把他们从手下身边支走，然后逮捕他们。除了举兵反抗外，理查别无选择。几场小规模冲突过后，国王的部队进军约克家族会师地鲁德娄城堡（Ludlow Castle）。这是一个决定性的时刻：在此之前，理查从未直接与国王兵戎相见。虽然几位领袖成功逃离，但鲁德娄城堡之战仍是约克家族的一场噩梦。

1459 年，"魔鬼议会"（Parliament of Devils）通过了一项剥夺约克家族领袖公民权的法案，没有经过审判就宣布他们为叛国者。自此，一切已经无可挽回。往后，这场战争只会越发残酷。约克的理查返回爱尔兰筹备军队，沃里克伯爵（Earl of Warwick）理查·内维尔（Richard Neville）则在加来筹兵。沃里克组建了一支颇为庞大的部队，和理查的军队联合，于 1460 年进军英格兰。

战争[①]胜利后，约克家族迫使亨利六世签订条约。条约规定亨利六世在余生继续统治英格兰，但去世后应由约克的理查继任。亨利六世的妻子安茹的玛格丽特（Margaret of Anjou）拒绝接受条约，于是她在苏格兰人的帮助下，在英格兰北部招兵买马。约克的理查后来在战斗[②]中落败被杀，约克家族的领导权传到了他的儿子手中——未来的爱德华四世（Edward IV）。

安茹的玛格丽特带领兰开斯特部队前往伦敦解救国王亨利六世。双方在圣奥尔本斯再次开战，本在约克军队手中的亨利被兰开斯特军队解救。当时亨利正经历着

① 指北安普敦战役。——译者注
② 指韦克菲尔德战役。——译者注

又一次的崩溃，约克家族品格高尚的骑士保护了他。然而这些骑士始终难逃一死。

兰开斯特部队未能进入伦敦，只好向北撤退。与此同时，马奇伯爵（Earl of March）爱德华领导的约克部队在莫蒂默十字路（Mortimer's Cross）的血战中大败兰开斯特军。战争当天，天上出现了幻日这一气象现象，爱德华认为这是吉兆，并把"光辉灿烂的太阳"（the sunne in splendour）当作自己的标志。另一支约克部队在圣奥尔本斯落败后，回到伦敦与爱德华会合；1461年，爱德华在伦敦加冕为爱德华四世。

在陶顿（Towdon）发生的一场战役中，兰开斯特部队伤亡惨重，战后爱德华控制了英格兰。亨利六世和玛格丽特逃往苏格兰，继续竭尽全力抵抗。兰开斯特家族的其他头目不是逃到了欧陆就是投降了，爱德华对他们的宽宏大量令人惊讶。事实上，很多兰开斯特家族的成员投降后都被赦免并授予了重要的爵位，但这样的做法

陶顿战役的失败把兰开斯特派的头目赶出了英格兰，此后他们的一些支持者站到了爱德华四世的一边。此时，约克派和兰开斯特派的分水岭已经模糊不清。

并不总能换来这些人的配合。他们之中有人起身反抗爱德华的统治，有人则在新的头衔下兢兢业业、安分守己。亨利六世最终被俘，他再次被关进狱中，但爱德华似乎对他还算仁慈。

15世纪60年代中期，国内的形势显然已经稳定，爱德华四世似乎坐稳了王位。然而，沃里克伯爵理查·内维尔，他的盟友，却开始僭越职权、我行我素，甚至公开与法国王室商讨爱德华和法兰西的安妮（Anne of France）的联姻。这与爱德华和勃艮第结盟的计划冲突，而且这也超越了他的权力范围。

沃里克伯爵没有征得国王同意就自作主张地决策，最终甚至试图控制整个王国。

亨利六世脆弱且反复无常，但他的妻子安茹的玛格丽特拥有强大的信念。丈夫入狱或精神失常时，玛格丽特常常负责领导兰开斯特家族。

1464 年，爱德华四世迎娶了兰开斯特家族的一位著名首领之女——伊丽莎白·伍德维尔（Elizabeth Woodville），随后与勃艮第结盟。理查·内维尔大为光火，这不仅令他与法兰西结盟的计划泡汤，还使他此前的谈判显得虚伪。

此后，伍德维尔家族迅速崛起，其他贵族却因此被疏远；伍德维尔家族的得势也引发了新一轮的密谋勾结、尔虞我诈，其中就包括理查·内维尔暗中策划的叛乱。在镇压其中的一次叛乱时，理查·内维尔突然从法国率军入侵英格兰，爱德华四世被打了个措手不及，在埃奇科特（Edgecote）大败后被俘。

这就使沃里克伯爵理查·内维尔获得了英格兰的实际控制权。他控制了两位国王——爱德华四世和亨利六世——但他随后又释放了爱德华，允许他在听命于自己的前提下继续统治。1470 年，爱德华重新夺得实权，内维尔在暗中策划另一场谋反，却谎称自己是在为镇压叛乱筹军。然而，爱德华出人意料地迅速肃清了反党，并取得他的弟弟克拉伦斯公爵（Duke of Clarence）乔治和内维尔相互勾结的证据。

由于爱德华四世成了共同的敌人，此前分别属于兰开斯特阵营的玛格丽特和约克阵营的内维尔相互联手，谋划篡夺王位。

爱德华四世迎娶伊丽莎白·伍德维尔的做法实际上疏远了势力强大的沃里克伯爵，而伍德维尔家族地位的上升也使英格兰的其他贵族心生怨恨。这些都必然会引发一个新阶段的矛盾冲突。

内维尔逃到法国，与安茹的玛格丽特联合，并与克拉伦斯公爵一同重返英格兰，爱德华四世战败后被迫出逃。内维尔释放了亨利六世，把他架空，充当自己的傀儡，这让克拉伦斯公爵十分失望，他本来以为自己是下一位国王的人选。克拉伦斯公爵表示如果爱德华要重新夺回王位，自己必将支持，后来他在勃艮第公爵查理（Duke Charles of Burgundy）的援助下实现了诺言。

1471 年，爱德华重返英格兰，在巴内特（Barnet）和内维尔的部队决一死战。爱德华这方的右翼部队由格洛斯特公爵理查统领，即未来的理查三世（Richard III）。内维尔的部队一败涂地，他和爱德华的其他几位仇敌都在这场战役中毙命。然而，就在这一天，安茹的玛格丽

沃里克伯爵理查·内维尔一直是玫瑰战争中的一个重要角色，后来在巴内特战役中丧命。战争当天大雾弥漫，雾气的干扰也是内维尔战败的原因之一。

特和她暴虐成性的儿子——威斯敏斯特的爱德华（Edward of Westminster），也来到了英格兰。

　　玛格丽特原本打算前来援助内维尔，但得知内维尔战败后没有返回法国，而是决定继续作战。她带领的部队在图克斯伯里（Tewkesbury）附近被爱德华击溃。威斯敏斯特的爱德华遭俘虏杀害，而安茹的玛格丽特被投入监狱。仍在坐牢的亨利六世神秘死亡。背后的凶手可能是格洛斯特公爵理查，但官方宣称亨利六世是"郁结而死"（melancholy）。

1471 年之后，英格兰的局势逐渐稳定下来。爱德华四世余生都在相对安全的局势下继续统治英格兰，但是他也面临着国内的起义、苏格兰的入侵以及弟弟克拉伦斯公爵的阴谋诡计。爱德华四世于 1483 年逝世，他指定自己的儿子小爱德华为王位继承者。年幼的小爱德华前往伦敦参加加冕典礼，中途遇上了格洛斯特公爵理查。理查是小爱德华的叔叔，在小爱德华成年前都将担任他的摄政者和监护人，小爱德华没有理由不信任他。

格洛斯特公爵理查把小爱德华关进了伦敦塔，但国王的加冕典礼仍在继续准

在图克斯伯里战役中被俘后，安茹的玛格丽特未遭处决，而是被赎金赎回。此后她再未在这场纷争中抛头露面。

备。很快，小爱德华的弟弟也被哄骗到了塔里。自此，这两兄弟的命运便众说纷纭，无人知晓。同时，理查捏造了一个相当虚假的理由，称爱德华和他弟弟是私生子，因此他们的继承人身份并不合法。通过这些手段，理查最终自己继承王位，成为英格兰的理查三世。

1483 年，白金汉公爵（Duke of Buckingham）在国内策动暴乱。原本的计划是，亨利·都铎（Henry Tudor）会在暴乱发生的同一时间从法国渡海而来入侵英格兰。亨利是王室家族的远亲，孩童时期的他经历了玫瑰战争的血腥屠杀，但因为血缘关系实在太过微弱，所以当年在彭布罗克城堡（Pembroke Castle）被俘后，他竟死里逃生。

亨利过海时延误了时间；白金汉公爵发动的暴乱也被镇压了。亨利挥师入侵英格兰时，接受了对理查三世心怀不满的英格兰和威尔士贵族的资助，但如果理查三世集结全部人马，亨利仍会面临敌众我寡的境地。因此亨利决定赌上所有，一战

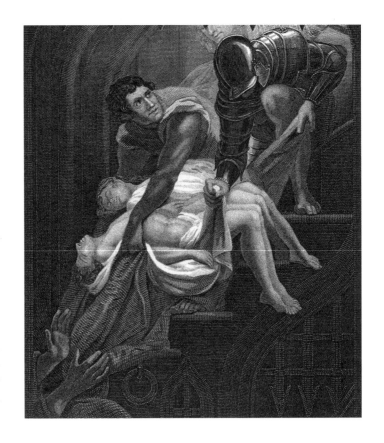

"塔中王子"的故事今天仍然能够引起许多人的兴趣和争议。理查三世被指谋杀两位王子，但这一说法并无实据。

定乾坤。这便是 1485 年的博斯沃思（Bosworth）之战。

　　这场战争的决定因素不是双方的战斗力，而是政治局势。理查三世的一部分军队在战斗中按兵不动、拒绝杀敌，如此一来亨利才能制胜。因此，理查三世亲自上阵，带领侍从直指亨利·都铎身旁的护卫。有史书记载理查和亨利直接交战，而且理查的部队差一点便杀死了亨利，或许还击溃了他身边的护卫。理查纵然英勇无畏，最终还是战败了。在莎士比亚（Shakespeare）的笔下，理查三世招来马匹逃离了战场，但事实是他拒绝了侍从的马匹，选择继续冲锋陷阵，直至战死沙场。

　　于是，亨利·都铎成了玫瑰战争中笑到最后的人。他加冕为英格兰国王亨利七世（Henry VII），虽然血缘关系微弱，但依然巩固了自己的地位。国内叛乱和与苏格兰的矛盾没有对他的统治造成很大影响，而他与约克家族的伊丽莎白（Elizabeth of York）的婚姻不但使王位继承显得合法，还联合了两大家族的残余势力。玫瑰战争可以说是中世纪西欧最后的矛盾冲突，而亨利七世继承王位在许多层面上都意味着一个时代的终结。

理查三世在博斯沃思之战的惨败标志着玫瑰战争的结束。他以为仅靠干戈就能反败为胜，最终却命丧沙场。

第二章
十字军战士、迫害者
与宗教改革家

在中世纪，宗教以及不同宗教团体之间的矛盾能够影响国王的治国方针。宗教是一种政治工具，反之亦然。教皇的喜恶能够决定事态的走向，如果想赢得教皇的支持，通常就要靠推动宗教事业发展，即要么在国内大兴宗教，要么参与十字军东征。

底图：十字军占领君士坦丁堡。虽然图中的事件发生在第四次十字军东征期间，但画作的风格属于 19 世纪中期的浪漫主义。

开除教籍是教皇拿捏在手的一件有力武器，既可以在事前威胁，也可以在事后惩罚。统治者被开除教籍后，他的领土也会同样遭殃，而平民百姓对于灵魂归宿的恐惧，又极易激起他们对统治者的愤恨。因此，教皇的不悦不仅意味着灵魂有难，还意味着原本太平无事的领土会烽烟四起。

中世纪许多杰出的统治者通过十字军东征名扬四海。对于一些人而言，东征是一种闪失过后的补偿，但有的时候，它似乎成了一种令人痴迷的事物。有些统治者是为了从近在眼前的国内事务中喘口气，才踏上了前往圣地的征途，或投身于西班牙的收复失地运动。

其他宗教因素也在其中发挥了作用。几乎在一夜之间，中世纪的欧洲人对待犹太人的态度就从大度包容变成了压迫谋杀，而各宗教异端的崛起（至少是由主流宗派定义的异端）会对政治产生难以预料的结果。教会的支持为"我们"和"他们"划分了一条便利的界线：基督教国家之间的冲突通常会遭到教皇的劝

虔诚者路易的宗教热情或许更甚于统治热情。他犯了为自己的行动忏悔的大错，这等于向敌人暗示自己的脆弱。

阻，所以那些骨子里好战的人便把干戈直指异端外道和伊斯兰国家。同样，如果容忍异端，或支持"邪恶的"宗派，则会使统治者成为十字军在欧洲范围内的靶子。

宗教人士也有可能倒向与国王相反的政治阵营，从而引发国内矛盾。在这个时代，教会高层会因政治原因受赏，而且至少在某些国家，国王为了奖励亲信的忠诚，会赐予他们宗教职位，他们便由此获得了额外的财富和权力。

虔诚者路易（814—840 在位）

西方基督教拥护者

路易是查理曼的第三个儿子，名列查理和丕平之后。查理曼的三个儿子都接受了良好的教育和训练，能够领导法兰克军队作战，但只有路易一人活到了父亲去世的时候。根据当时的传统，查理曼的每个儿子都可以统治法兰克帝国的一部分。路易分得的是阿基坦（Aquitaine），他的青年时期大部分在此度过。哥哥查理将继

教皇斯蒂芬四世为路易举行了二次加冕，借此提醒法兰克人，他们的皇帝不仅权倾朝野，而且地位名正言顺。

承父位，分得弗朗西亚（Francia），而丕平分到了意大利（Italy），成为伦巴第人之王。

远在真正掌握大权之前，路易就以父亲之名远征西班牙和意大利。两位兄长去世后（丕平在810年的威尼斯围城战中感染风寒而死，查理则在811年死于中风），路易在813年加冕为父亲的共治皇帝。

查理曼身体非常健康，但他在生命的最后四年患了病，死于814年。路易从父亲手中继承了几乎完全统一的欧洲，并且有望将帝国的统治长久地延续下去。路易一登上帝位，就下令销毁异教经文，把宫中所有信仰存疑的人关进修道院。其中不乏路易自己的亲人，他有意剥夺这些人的政治权力，作为信仰不够坚定的惩罚。尽管如此，路易依然得到了教皇的支持，在816年再次接受了加冕——这一次的加冕在兰斯（Reims）进行，由教皇斯蒂芬四世（Stephan IV）主持。

为了明确继承事项，又要符合当时的法兰克传统，路易在817年颁布了诏令，为三位儿子和王国的未来做了详细打算。长子洛泰尔（Lothair）加冕为共治皇帝，继承法兰克的腹地；他也是皇帝头衔的继承者，其他兄弟必须臣服和效忠于他。丕平将成为阿基坦的领主，小儿子路易分到了巴伐利亚。

虽然这一法令为路易的几位儿子划清了领土界线，但引起了路易的侄子伯纳德（Bernard）的不满。伯纳德是路易的哥哥丕平的儿子，他从父亲手中继承了意大利的统治权。伯纳德开始计划脱离路易另起炉灶，但被路易迅速而果断地识破了诡计。投降后，伯纳德因叛国罪被判处死刑。虽然死刑最终减为致盲，但伯纳德还是死了。

路易对伯纳德的死悔恨莫及，于是公开进行悔罪。这或许使他的良心得到了宽慰，但在当时，一位统治者必须强大得刀枪不入才能使人民信服，所以路易的过分歉疚削弱了他的威望。同样，虽然路易坚定地支持教会，尤其还专门立法保护教会的财产，赢得了教会的厚爱，但是他也没有被看成是一位勇士。

在战场上，这一显而易见的弱点令路易面临了很多原本不会出现的威胁。原本已经臣服于法兰克势力的边境部落，如今再生滋扰。路易收服潘诺尼亚（Pannonia）和保加利亚（Bulgaria）的斯拉夫部落后，准备出兵平定意大利南部。东部的胜利迟迟不来，而在西班牙对阵科尔多瓦哈里发国（Cordoban Caliphate）的战事也同样不顺。

路易统治期间，国内矛盾重重，路易的第二任妻子为他生下的第四子查理尤其引发了一场风波。为了使查理获得应有的遗产，路易决定对遗产重新进行分配。几位儿子因此积蓄了满腔的怒火和怨恨，最终在830年升级为内战。路易从东方战场返回一片混战的国内，被自己的亲生儿子抓了起来。路易讨价还价，将更大的继承权作为诱饵挑拨离间，终于重获了自由和儿子的忠心。

两年后，几位儿子再次叛变。或许因为教皇格里高利四世（Gregory IV）公开反对皇帝，路易的大部分军队弃他而去。无论如何，他决定带领剩余兵力进行一场无望的抵抗。路易一度被罢黜，但儿子之间的争吵令他及时夺回王位，对抗837年维京人的大规模入侵。

第三次内战始于839年，起因是路易为儿子们重新划分了领土。诺斯人的再度入侵使局势更加错综复杂，但在儿子洛泰尔的辅佐下，路易在840年初稳定了局势。可惜好景不长，当年6月路易去世，内战再次肢解了法兰克帝国。

自此，法兰克帝国再未统一，现代法国和德国的雏形及其领土争端开始酝酿。

依据法兰克当时的传统，帝国将由统治者的儿子分而治之，其中一位儿子的地位凌驾于其他人之上。

图中路易的儿子洛泰尔和路易分别是弗朗西亚和巴伐利亚之王。洛泰尔作为皇帝凌驾于其他兄弟之上，但几位兄弟在自己的领土内享有相当大的自治权。

840 年，虔诚者路易去世，法兰克人统治下的欧洲统一时代结束了。

腓特烈·巴巴罗萨，神圣罗马帝国皇帝（1122—1190）

第三次十字军东征统帅

第一次十字军东征始于 1096 年，目的是支援拜占庭皇帝抵御伊斯兰国家入侵。这次东征大获全胜，以十字军攻陷耶路撒冷收尾。建立起埃德萨（Edessa）伯国、的黎波里（Tripoli）伯国、安条克（Antioch）公国和耶路撒冷（Jerusalem）王国后，大部分兵力都返回了欧洲。

1144 年，十字军控制的埃德萨伯国被伊马德丁·赞吉（Imad ad-Din Zengi）占领，第二次东征蓄势待发。这次东征由法国国王路易七世（Louis VII）和德意志皇帝康拉德三世（Conrad III）统领，康拉德三世的侄子腓特烈（Frederick）也在其中。腓特烈在父亲去世后刚刚成为士瓦本公爵（Duke of Swabia），在这场一败涂地的东征中，他的声誉完好无损。

图林根（Thuringia）的屈夫霍伊泽纪念碑（Kyffhauser Monument）中就有腓特烈·巴巴罗萨的砂岩雕塑。雕塑描绘的是这样一个传说：国王在附近的山谷中沉睡，一旦威胁出现，他便会醒来。

腓特烈·巴巴罗萨拒绝花钱买路，声称自己将以干戈开道。

当时，士瓦本是组成德意志的上千个小国（其中有些极其袖珍）中的一个。皇帝候选人必须被这些小国的诸侯接受——起码不能令他们反感。腓特烈是位通权达变的交际能手，他懂得迎合诸侯的自身利益，而不会利用新身份的便利倾轧他们。这种手段非常奏效，他如愿以偿地加冕为德意志皇帝。

根据1153年签订的条约，也为了报答腓特烈出兵援助的人情，教皇在1155年为腓特烈·巴巴罗萨加冕。然而，到了1158年，皇帝和教皇之间出现了龃龉。腓特烈自然而然地以为教皇会臣服于神圣皇帝，但教皇认为皇帝应当服务于教会。腓特烈出兵意大利，新任教皇亚历山大三世（Alexander III）将他革除教籍。

腓特烈在意大利当地的战事确实捷报频传，但整体的政治局势使他无法如愿地宣扬自己的权威。随着时间流逝，他被开除教籍的事实威胁到了德意志的稳定，一些省份爆发了起义，有教士公开反对他的帝位。腓特烈的部队在北意大利对抗伦巴第联盟（Lombard League）的战役起初一帆风顺，却在1176年的莱尼亚戈战役（Battle of Legnago）一败涂地。

腓特烈只好与教会媾和，他的教籍恢复了，但他继续利用各种政治权术削弱教皇的权威。1186年，他的儿子亨利与西西里王后康斯坦丝（Constance）完婚，成为意大利的国王。但教皇要求的第三次东征中断了腓特烈的计划。这次东征中，虽然法国的腓力二世和英格兰的理查一世的军队都走海路，但腓特烈人数更为庞大的军队选择了陆路。

据说腓特烈·巴巴罗萨在第三次十字军东征时集结了一支人马浩瀚的军队，但具体的数目实际上是存疑的。行军途中，特别是在匈牙利，腓特烈招募到了更多的士兵，但也受到拜占庭皇帝的阻挠。西方十字军和拜占庭帝国的关系一直十分复杂，有时甚至把对方视为寇仇。第一次十字军东征应了拜占庭帝国抵抗伊斯兰国家入侵的求援，但土地收复后没有物归原主。这些土地上建立起了圣地的十字军国家，也成了争论的焦点。

腓特烈·巴巴罗萨的行军路线必须经过塞尔柱（Seljuk）突厥人（Turks）的领土，突厥人要腓特烈拿钱财珠宝来换一路平安。据说腓特烈当时回敬称自己将以干戈开道，但实际上困难重重。虽然他的部队赢了突厥人，但他们在行进途中经常受到骚扰。行军缓慢且时不时有人员伤亡，这让十字军士气低落，而他们除了继续前

1176 年，莱尼亚戈之战惨败后，腓特烈·巴巴罗萨的意大利野心完结了。伦巴第联盟之后，意大利人再未如此团结地对抗外敌。

进别无他法。

　　到达以哥念（Iconium）时，腓特烈终于将突厥的主力引入战斗。击败敌军主力后，腓特烈开始围攻以哥念，最终将其攻陷。此间双方再次开战，突厥人再次落败。夺取以哥念后，腓特烈的军队终于得以休整，但征途长远，这里并不是终点。

　　途经萨列法河（River Saleph）时，腓特烈猝然离世，具体原因不得而知。他

也许落水溺死了，但也有证据表明他突发心脏病——当时他已经70岁了。部队想把他的遗体带到耶路撒冷，但用醋保存的遗体迅速地腐坏了。于是，他的遗体被运往安条克、塔尔苏斯（Tarsus）和提尔（Tyre），德意志的十字军最后放弃了东征。

虽然1190年以哥念一战的胜利来之不易，但腓特烈的部队由此开辟了抵达圣地的坦途。尽管萨拉丁（Saladin）一度极为担忧，但腓特烈死后，德意志十字军的东征活动渐渐平息。

图片对腓特烈之死的描绘为他生命的终结一刻添上了英雄主义和戏剧化色彩，但实际上，他很可能死于一场不幸的事故，又或是健康状况恶化的结果。

神圣罗马帝国

　　"神圣罗马帝国"这一说法在腓特烈·巴巴罗萨的年代并未出现。但"神圣帝国"（拉丁语"Sacrum Imperium"）这一说法确实是由他首先提出的。自公元9世纪以来，这一帝国就以不同的名称存在。它时常会被认为是罗马帝国的延续（至少是精神上的延续）。"罗马"的内涵早已被遗弃，但13世纪时帝国的名字多了"罗马"一词。

　　神圣罗马帝国包括意大利和德意志，是一个类似于政治联盟和宗教组织

教皇要求腓特烈·巴巴罗萨公开对自己表示臣服，此后才同意为他加冕。但腓特烈一世反而设法削弱了教皇的权威，确立了自己的威信。

的结合体。这两个国家不由皇帝直接统治，就好比德意志诸侯的领土不由他们的国王统治一样。然而，帝国的皇帝是由教皇加冕的，他有权支配其他成员国，因此罗马帝国的皇帝是欧洲最有影响力的人物之一。

帝国的合法性究竟来源于政治存在还是上帝许可，神圣罗马帝国皇帝和教皇常常意见不一，但事实其实处于这两者之间。虽然曾经强大无比，但帝国最终江河日下。中世纪晚期，神圣罗马帝国已经沦为几个德意志小国的联盟，但仍以神圣罗马帝国之名持续存在到 1806 年。

英格兰的亨利二世（1133—1189）

挑战教会权威

亨利二世出生在 1133 年，两年后，他的祖父亨利一世去世。亨利一世指定女儿玛蒂尔达（Matilda），即当时神圣罗马帝国的皇后、亨利二世的母亲继承王位，但被布卢瓦伯爵斯蒂芬（Count Stephen of Blois）篡位。亨利二世的童年在一种无政府状态中度过，斯蒂芬和玛蒂尔达之间的尔虞我诈在宫中人尽皆知。

1148 年，亨利接替母亲的事业，总算和斯蒂芬达成协议：斯蒂芬的余生可以在王位上度过，但他死后亨利将继承王位。1154 年斯蒂芬去世时，亨利已经继承了安茹和诺曼底，并与阿基坦的埃莉诺成婚。亨利有众多绰号，其一是"短斗篷"（Curtmantle），但他的王朝被称为金雀花王朝。这是一个法语单词，意为金雀花的枝条——这也是安茹家族饰章上的图案。

由于法王腓力二世觊觎亨利二世在法的安茹帝国，亨利二世统治下的英格兰与法兰西冲突频仍。亨利以风卷残云之势镇压了威尔士的叛乱，又举兵入侵爱尔兰，试图在爱尔兰扶植一位傀儡国王。但是，亨利登基后的首要任务是平息王朝内部的纷争。

亨利着手收拾了此前的无政府状态造成的一片狼藉。他不仅重建了人们对货币的信心，还进行了司法改革，建立了一套完整的法庭和监狱体系。在这个过程中，曾服务于坎特伯雷（Canterbury）大主教的托马斯·贝克特（Thomas Becket）对亨利鼎力相助。作为亨利的大法官，贝克特是一位得力助手。1161年，前任主教西奥博德（Theobald）去世后，贝克特就任坎特伯雷大主教。

尽管亨利和贝克特是多年老友，但因为亨利试图控制教会，两人的分歧越来越大。贝克特处处想摆脱国王的控制，也要求自己的手下有样学样。他时常随意地将亨利的亲信革除教籍，最终在1164年被迫逃往法兰西。由于亨利需要贝克特为长子加冕，两人尝试和谈，但始终一无所获。贝克特对英格兰实施禁行圣事令后，双方再次谈判，结果贝克特在1170年底复职。

但两人之间依旧战火未熄，贝克特开除了更多人的教籍，终于引爆了亨利积蓄的不满。根据民间流行的传说，亨利当时忍无可忍地说道："难道没人能帮我除掉这个胡闹的教士吗？"这一传说有多个版本。总之，亨利身边的四名骑士决定抓捕贝克特。虽然贝克特竭力反抗，斥责他们僭越职权，但情形最终走向了极端——贝克特当晚死于四名骑士之手。

亨利与阿基坦的埃莉诺育有五个儿子，但长子威廉在童年时

亨利二世童年时生活在母亲玛蒂尔达和篡位者斯蒂芬钩心斗角的阴影之下。在位早期他不得不费心收拾这场内斗造成的狼藉。

就早夭了。亨利决定依循法兰克的古老传统，在自己的有生之年为次子加冕。但幼王亨利（Henry the Young King）在 1183 年去世，年仅 28 岁，也未能继承父位。

同时，亨利与阿基坦的埃莉诺越发疏远，其余几位儿子也对父亲大动干戈。其中 1173—1174 年的大叛乱最为著名，这场叛乱背后的煽动者很可能是埃莉诺本人。此后亨利在位期间，埃莉诺一直被囚禁在监狱中。

亨利的第四子乔弗里（Geoffrey）在 1186 年去世。此时合法继承人只剩下两位：一位是理查，另一位是亨利最偏爱的约翰。法王腓力二世利用了亨利儿子的私愤，和理查联手对抗亨利，而当时亨利只剩最后几个月的生命了。理查和父亲分歧的焦点之一是即将到来的第三次十字军东征。亨利二世和腓力二世都宣布会参加这次东征，而理查对此尤为热心，但横亘在英法之间的一些矛盾必须先得到解决。

腓力二世利用了理查的冲动急躁，1188 年底，理查公开宣布效忠法王。约翰也参与了理查领导的叛乱，但亨利当时已病入膏肓，无力再战。与腓力二世签订了一个几乎等同于投降的协议后，亨利回归安茹故土，不久就离开了人世。

亨利二世在英格兰和法兰西的广袤领土给他带来了一连串麻烦：他与法王不共戴天，与教皇水火不容，国内又时不时发生暴乱。

阿基坦的埃莉诺是一位令人敬畏的、强悍的女性，她原本是亨利二世的一位重要支持者。随着他们关系的疏远，她最终成了丈夫的阶下囚。

托马斯·贝克特之所以被杀害，很可能是因为他不愿对亨利的骑士示弱，也不认为他们可以凌驾于自己之上。

英格兰的狮心王理查一世（1157—1199）

东征第一，统治第二

虽然理查一世为了实现东征野心而忽视了国王职责，但他在英国历史中的形象通常是正面的。他在英格兰度过的日子少到只能用周来衡量。

　　理查是英王亨利二世和阿基坦的埃莉诺所生的儿子。他出生在英格兰，但父母失和后，他随母亲回到阿基坦，在那里长大。理查是母亲最宠爱的儿子，弟弟约翰则最受父亲青睐。这也许是理查决定支持哥哥幼王亨利起兵反抗父亲的原因之一。

　　1173年的叛乱使亨利二世的地位岌岌可危，但他很快就和理查言归于好。1183年幼王亨利再次叛乱时，理查倒向父亲的阵营。理查被父亲指定为继承人——他已经从母亲处获得了阿基坦的继承权。但1184年后，他和父亲日益不和。事实上，1189年亨利二世去世时，理查正在作乱。

　　理查与父亲争执的原因之一是他对十字军东征的极度渴望。1187年萨拉丁攻占耶路撒冷后，教会呼吁进行新一轮东征以夺回圣地，理查对此迫不及待。但他发现父亲不愿将东征事宜置于国内事务之上，使自己行事颇为不便。随着父子关系日益恶化，理查倒向了法王腓力二世。这并非现代人所理解的那种背叛，当时许多英格兰贵族都在法国持有财产，因此他们不仅是英格兰的封臣，也是法国王室的封臣。

　　谈判失败后，理查和腓力二世结盟攻打父亲，亨利二世当时已病入膏肓。亨利二世在这次战事中去世，理查如愿以偿地登上英格兰王位。他对父亲的支持者（包括那些曾经反对他的）意外地仁慈，并立刻把母亲从监狱中解救出来。

理查还任命同父异母的兄弟乔弗里为约克大主教——但乔弗里完全无法胜任。他和理查一样易怒，很快便和主教发生了矛盾。他拒绝到罗马为自己的所作所为辩护，并要求理查为自己求情，但不知怎的这一请求发展成了对理查所负罪名的谩骂。理查火冒三丈，乔弗里被革职。

理查前往圣地的途中发生了许多大事。由理查和法王腓力二世率领的联军首先前往西西里，将理查刚丧偶的妹妹乔安娜（Joanna）从西西里新任国王坦克雷德（Tancred）的监禁中解救出来。虽然他们顺利迫使坦克雷德释放乔安娜并赔偿她失去的遗产，但在西西里发生的事情表明理查和腓力二世的关系开始出现裂痕。

理查一世宣布他将与纳瓦拉的伯伦加莉亚（Berengaria of Navarre）结婚时，他和腓力二世的关系变得更加紧张，因为理查此前已经和腓力二世的女儿艾丽斯（Alys）订婚。当时，伯伦加莉亚和乔安娜一同在塞浦路斯遭遇海难后被俘。

理查一世的部队征服了塞浦路斯岛，解救出俘虏，拿回了被掠夺的大批钱财。他和伯伦加莉亚在塞浦路斯结了婚，伯伦加莉亚留在部队中陪伴了他一段时间，随后便回国了。

尽管征服塞浦路斯是无心插柳，但这里成了十字军在圣地附近的一个重要基地，同时，理查作为一名将领的地位也提高了。事实上，他的军队于1191年在阿克（Acre）登陆时，守军很乐意举手投降，交出城市。理查的脾气使他与法王腓力二世的关系进一步破裂，也使他和率领德意志部队的奥地利公爵利奥波德五世产生了龃龉。利奥波德不仅对理查进行人身攻击，还怀疑他和刚刚被十字军选为耶路撒冷国王的蒙费拉的康拉德（Conrad of Montferrat）之死有关。

腓力二世退出东征回到法国，而理查则率军向阿尔苏夫（Arsuf）进发。尽管萨拉丁的部队有着优越的机动性，但理查依然

理查一世数次反叛父亲，还与法王腓力二世公开结盟。

虽然利奥波德是德意志十字军本次东征的高级将领，但理查并不把他视为同僚。

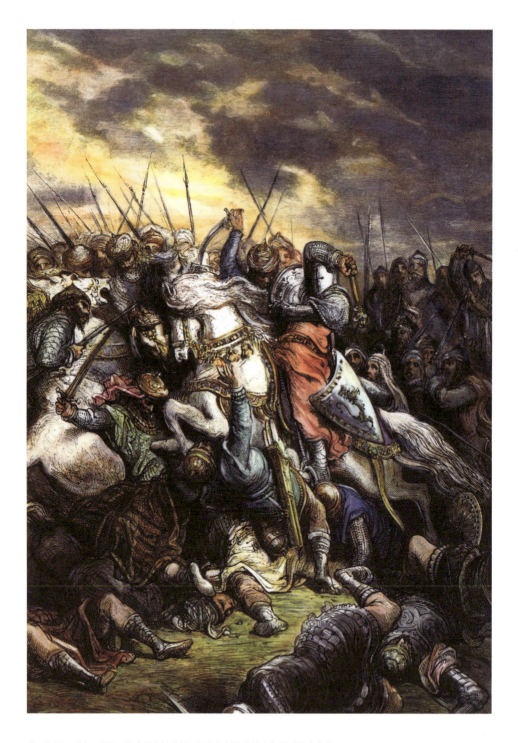

毫无疑问，理查一世是一位有魄力的将领，但他与其他统治者相处时常有摩擦。

大获全胜。他的厉害之处在于能够让骑兵信服自己，在时机完全成熟之前绝不轻率鲁莽地进攻，而是让步兵承受敌人进攻时的猛击。

尽管取得了胜利，但是十字军并没有占领耶路撒冷，为了回国处理国内的问题，理查被迫与萨拉丁签订休战协议。他得知弟弟约翰已经与腓力二世结盟，后者正试图吞并理查在法国的领土。

理查一世从海路返回英格兰，船队在恶劣的天气下被迫靠岸，害得他被奥地利的利奥波德五世俘虏。利奥波德与理查结过私怨，能利用理查勒索赎金，他正求之不得。利奥波德还收了法兰西的钱，答应他们把理查的押期延长。

1194 年获释后，理查与弟弟约翰和解，并指定约翰为继承人。接下来的五年，理查都在费心保护在欧陆的领地不被法兰西吞并。他在 1199 年的查洛斯（Chalus）围城战中受了致命伤，不久就去世了，在英格兰度过的时间很少。事实上，在理查眼中，英格兰似乎更像是十字军东征的资金来源

理查在阿尔苏夫的逆境中取得的胜利离不开严明的军纪。他稳住了气势汹汹的骑兵，直到时机恰当才发起进攻。

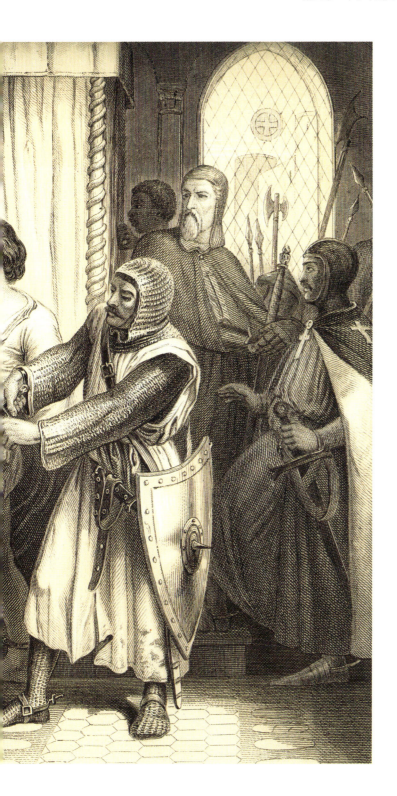

地，而不是一个需要治理的王国。同样，他很少有时间陪伴妻子伯伦加莉亚，也就没有留下能合法继承王位的子嗣。

理查的统治生涯使英格兰国王骁勇善战的名声远扬，他还通过征服塞浦路斯或多或少地推进了十字军事业。他的格言"我权天授"（Dieu et mon Droit）非常著名，从那时起这句话就成了英格兰王室的格言。

临终前，理查原谅了那位使他受了致命伤的弓手，并承诺对他宽大处理。此事版本不一，但这一承诺似乎没有兑现，弓手最终死于酷刑。

法兰西的路易九世（圣路易，1214—1270）

政治家，十字军战士，改革者

　　法兰西的路易八世（Louis VIII）虽然在 39 岁时英年早逝，但他的统治生涯收获颇丰。除了继承了腓力二世的法兰西王位，路易八世还曾经被拥戴为英格兰国王，只是任期极短，也未曾加冕。路易八世年轻时，反叛约翰王的贵族们拥护他当英格兰的国王。后来，他成功占领了英格兰在法兰西的领土，并组织了讨伐法兰西卡特里（Cathar）教派的阿尔比派十字军（Albigensian Crusade）。

路易九世是一位英明的统治者，他目光长远，看到并且铲除了来日冲突的根源。他谈判达成的协议早在小摩擦升级为大冲突之前就解决了无数的问题。

第七次十字军东征意在夺取后续用于谈判的领土，目的并非耶路撒冷。讽刺的是，路易为十字军事业做出的最大贡献在于东征失败后的行动。

1226 年路易八世去世后，路易九世（Louis IX）继承父位，时年 12 岁。路易九世年幼时，由他的母亲卡斯蒂利亚的布兰卡（Blanche of Castile）摄政。一位年幼无知的国王身边不可避免地会上演一些权力的游戏，但布兰卡处理得得心应手，所以路易在 1234 年掌权时，国家一片太平。在统治生涯中，他展现了精明的政治才能，愿意放弃一些领土主张以换得对手的回报。这样一来，他逐步降低了领土面临的威胁。

当然，太平并不意味着全无冲突。1242 年，英格兰的亨利三世（Henry III）入侵法国，支持吕西尼昂的于格（Hugh of Lusignan）叛乱，得到法国贵族的大力响应，路易面临着严峻的挑战。塔耶堡（Taillebourg）一战的胜利扫除了这一威胁。国内局势大致稳定后，路易着手准备十字军东征。个中不乏私人缘由：路易重病大愈，感慨奇迹降临，要借此表达自己的感激之情。此外也有政治原因：十字军王国的局势不容乐观，路易想趁早支援，免得为时过晚。

1248 年，路易怀揣十字架，率领着一支庞大的部队开始了第七次十字军东征。第一次十字军东征直指圣地，一心破军杀将、占领关键城市。后来的几次东征往往沦为错综复杂的交易，为了拉帮结派、买通道路，少不了讨价还价和结党营私。有时为了获

路易九世颁布法律规范官僚的行为，减少了腐败，提高了声望。

得战略支援，十字军要像雇佣兵一样出卖劳力，在与打击伊斯兰国家或占领圣地无关的事情上浪费了精力。

　　路易的计划是入侵埃及而非耶路撒冷，他想占领埃及作为谈判筹码，让埃及的军队交出他们占领的城市。战役起初非常顺利，但由于战斗的严酷和瘟疫的折磨，十字军最终只好撤退。路易和多位骑士在撤退时被俘。被赎身后，路易并非就此败战而归，而是继续奔赴圣地。得益于他精明的外交手段，局势有所改善。当得知母亲去世后，路易回到了法国。他在外东征时，卡斯蒂利亚的布兰卡一直担任摄政王，因此及时回国才是至关重要的。

　　在叙利亚的外交胜利以前，路易也因种种原因享有良好的名声。他为人公平公正，实施了许多进步的改革。他禁止决斗审判及神意审判，本质上是因为他相信上帝会保护无辜者免受烈火、沸水或敌人武器的伤害；他还在司法程序中采用无罪推定原则。

路易的部队登陆埃及后，迅速占领了达米埃塔港（Port of Damietta）。虽然占领了这样一个安全的基地，但是十字军因围城战和尼罗河（Nile）洪水泛滥陷入了困境，最终在法里克苏尔战役（Battle of Fariksur）中大败。

　　路易的行政改革措施包括保护民众对货币的信心，监督大臣和神职人员的公务。当时欧洲国家的许多行政官员利用职权牟取暴利、贪污腐败；迫令官员减少腐败，使路易更受法国民众的爱戴。他的一些改革，如颁布惩戒卖淫、亵渎神明和赌博的法律，跨越了法律和宗教的界限。

　　路易抓住时机购买了一批圣物，后来又添置了一些。为了收藏这些圣物，他在巴黎建造了圣礼拜堂（Sainte-Chapelle），这是他建造的几座著名建筑之一。由于当时神圣罗马帝国皇帝软弱无能，路易被认为是基督教世界最重要的统治者，他甚至可能有过取代神圣罗马帝国皇帝的野心。

　　1269 年，路易开始了新一轮东征的准备，这次的目的地是北非。他在突尼斯登陆，起初一切顺遂，但 1270 年路易死于瘟疫。部队带着他的尸体回国，公众表达了深切的敬仰和哀悼之情。路易九世被臣民誉为圣人，1297 年，教皇正式册封他为圣人。

路易九世认为自己能从重病中恢复堪称奇迹，但他在第七次东征时又因痢疾元气大伤，在第八次东征时悲剧再度重演，这次他在劫难逃。

司法决斗

司法决斗（或称决斗审判）是一种典型的日耳曼传统，也为法兰克人所采用。多数时候，战斗的双方须是势均力敌的对手。大贵族用胜败来解决争端的做法并不罕见，但普通阶层的决斗审判也有案可查。现存的 14 世纪的《战斗手册》（*fechtbücher*）中就描绘了夫妻之间的决斗场面，也就如何确保决斗公平以及应如何赢得比赛提出了建议。

路易明令禁止相关行为之后，司法决斗仍然时有发生，而且有时非常离奇。一位贵族失踪之后，他的宠物——一条平日里温和友好的灰狗——对待这位贵族的一位朋友的方式，被认为是在指控这位朋友是失踪案的幕后黑手。狗目睹了主人被谋杀的过程，它带领调查人员找到埋藏尸体的浅坟。随后，人和狗进行决斗，狗咬伤了凶手，证明了狗所"言"为真，凶手认罪，最后被判处绞刑。

司法决斗秉持的信念是上帝会将胜利赐予正义的一方。同样，神意审判也是出于相信无辜者会受到保护，或会得到神明的医治而痊愈。

卢森堡的西吉斯蒙德，神圣罗马帝国皇帝（1368—1437）

最后一次十字军东征领袖

西吉斯蒙德（Sigismund）的祖父是卢森堡的约翰（John of Luxembourg，后称"盲眼约翰"），他娶了波希米亚的伊丽莎白（Elizabeth of Bohemia）。约翰在波希米亚不受欢迎，因此大部分时间都身居外地。他与法国关系密切，与儿子查理一起参加了1346年的克雷西战役。当时约翰已经失明，参战时由一队骑士引导。

约翰在克雷西战役阵亡后，他的儿子查理继承了波希米亚的王位。作为法王查理四世（Charles IV）的侄子，查理在法国宫廷待了几年。在登上波希米亚的王位之前，他就协助过父亲治理国家，后来他也成了勃艮第和意大利的国王。1365年，他被加冕为神圣罗马帝国皇帝。

查理于1378年去世，西吉斯蒙德孩童时期就继承了勃兰登堡侯爵（Margrave of Brandenburg）一位。他和匈牙利国王路易（Louis of Hungary）的女儿玛丽（Mary）大致同龄，又在路易的宫廷里受过匈牙利文化的熏陶，因此他与玛丽订了婚。在同父异母的兄弟——德意志和波希米亚国王瓦茨拉夫（Wenceslaus）的要求下，西吉斯蒙德于1381年被送往波兰。他在后来的统治生涯中一直被卷入波兰的种种事务，充当调解人，并从中获益良多。

西吉斯蒙德面临着国内的冲突和土耳其人的持续压力。虽然权微势弱、资金不足，但他毕竟保住了甚至扩张了自己的财产。

西吉斯蒙德在终结教会分裂一事上发挥了重要作用。分裂中产生的三位（以上）教皇彼此对立，他们都声称自己是教会的合法领袖。

1382 年，匈牙利的路易去世。玛丽加冕为女王以后，马上就遭到贵族阶层的抵制，他们希望臣服的是一位男性君主。那不勒斯的查理三世（Charles III of Naples）成功夺得匈牙利王位，但于 1386 年被废黜及杀害。西吉斯蒙德与玛丽的婚姻并没有结束王位的争端，但贵族们得到了他们想要的男性统治者，玛丽则降为王后。1395 年，怀孕的她不慎从马上摔落后去世。腹中之子本是西吉斯蒙德的王位继承人，可惜没有活下来。

西吉斯蒙德的统治动荡不安。财政危机和贵族阶层的反对都使他的地位摇摇欲坠。他被迫与诸侯讨价还价，出卖土地换取钱财和支持。他对匈牙利的控制在许多年里一直很薄弱，国土之外也麻烦不断：主要的问题是奥斯曼帝国（Ottoman Empire）的袭扰，与波兰的关系也是个难题。路易除了是匈牙利国王外也是波兰的国王，但因为没有男性继承人，波兰的王位传给了他的女儿雅德维加，即玛丽的妹妹。

雅德维加嫁给了立陶宛大公雅盖拉，两国建立了强大的联盟。然而，虽然雅盖沃使立陶宛皈依了基督教，条顿骑士团依然对他的虔诚心存质疑。西吉斯蒙德时常从中调停——有时是为了自己的利益——但波兰－立陶宛联邦被条顿骑士团入侵时，麻烦也蔓延到了匈牙利。

1396 年，与土耳其人的冲突持续，教皇呼吁进行十字军东征。西吉斯蒙德率领基督教军队远征至尼科波利斯（Nicopolis），被当时正在围攻君士坦丁堡的苏丹巴耶济德一世（Sultan Bayezid I）率领的大军击败。虽然十字军没能解救君士坦丁堡，但或许削弱了敌军的围困。1402 年，巴耶济德撤军，调兵处理其他威胁。

西吉斯蒙德在尼科波利斯险些丧命，他设法回到了祖国。当时的匈牙利相当动荡不安，但西吉斯蒙德摆平了众多的麻烦和是非，施展了威望也扩张了权力。到 1433 年，他已经成为神圣罗马帝国的皇帝，德意志和波希米亚的国王。波希米亚王位是他在哥哥瓦茨拉夫死后获得的，而瓦茨拉夫的死是胡斯战争（Hussite Wars）

升级的一个因素。

西吉斯蒙德坚决抵制胡斯派，认为这些人是异端。而因为西吉斯蒙德没能信守保证扬·胡斯（Jan Hus）平安无事的承诺，导致他被处以火刑，所以胡斯派指责西吉斯蒙德背叛了他们的领袖。胡斯派拒绝承认西吉斯蒙德的国王地位，还控制了匈牙利的大部分地区，西吉斯蒙德的领地基本落入胡斯派的手中。西吉斯蒙德多次派兵镇压胡斯派，直到 1433 年双方谈判达成和解，签订《布拉格协约》（Compacta of Prague）。法律通过契约后，西吉斯蒙德终于加冕为波希米亚国王。

与此同时，匈牙利仍然受到土耳其人的威胁，弄得西吉斯蒙德无法一心对抗胡斯派；这些人的侵扰也导致了反胡斯派十字军的补给规模下降。为了对阵土耳其人，西吉斯蒙德创立了龙骑士团（Order of the Dragon）。但是，他最伟大的成就在于终结了天主教会大分裂。

波兰的雅德维加与立陶宛的雅盖拉联姻，建立了一个强大的联盟，却引发了与条顿骑士团的冲突。

尼科波利斯战役毫无秩序，至少从十字军的视角看来是这样的。这次惨败使基督教十字军再也无力大规模出兵遏制土耳其人的扩张。

由于意大利和法国的两位教皇分庭抗礼、互不相让，教会分裂成了两派，第三位教皇出现后，情况雪上加霜。作为教会的守护者，西吉斯蒙德极力促成了康斯坦茨会议（Council of Constance）的召开，解决了教皇的合法性问题。西吉斯蒙德保护扬·胡斯的努力却非常有限，虽然他许诺过会保证胡斯的安全，但后者依旧被逮捕，并以异端罪名烧死在火刑柱上。

1437 年，西吉斯蒙德去世。他的第一次婚姻没有留下孩子，第二次婚姻留下一女，即波希米亚的伊丽莎白。伊丽莎白的丈夫加冕为国王，伊丽莎白则退居王后。1439 年国王去世后引发了继承权冲突，新一轮内战拉开序幕。

虽然西吉斯蒙德曾承诺扬·胡斯可以在安全的情况下出席康斯坦茨会议，但后者仍然被以异端罪名处决。

胡斯战争

　　胡斯运动是一场发扬扬·胡斯教义的宗教运动，其领袖扬·胡斯在1415年以异端之名被处死。为了镇压胡斯派，十字军曾发动不少于五次东征，但这场运动还是影响到了巴伐利亚的大部分地区，甚至蔓延到其他国家。胡斯派在斗争中战绩斐然，他们会主动出击偷袭敌军的领土。

　　胡斯战争开始时规模相当小，当时国王的几位代表在布拉格被胡斯派围攻。冲突随后发展成一系列的战争，时有外国势力干涉，或因波希米亚的其他国内事务稍微平息。胡斯派分为两大派别，其信仰有一定的差异。情况因此更为复杂，因为某个派别接受的协议可能会遭到更激进一派的拒绝。

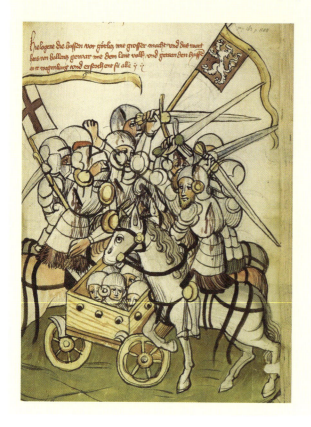

　　胡斯派以其新颖的作战模式闻名，他们结合了早期的火器和车垒（Wagenburg）战术，即将马车拴在一起搭建临时的堡垒。胡斯派在敌军附近部署，利用可怕的火力诱使敌人攻击他们的堡垒，在敌人退却时追击。他们的军纪和战斗力足以使其在与各国常规部队的交战中多次获胜。

胡斯派的车垒战术善于抵挡重骑兵的冲锋。他们的部队主要由平民组成，因此他们不太可能以传统的作战方式击败对手。

犹太迫害

中世纪时期，欧洲大多数国家都有犹太人，他们的地位在不同国家之间差别很大。犹太人大屠杀和强迫犹太人改变信仰的事情并不少见，但犹太商人和犹太医生也对社会做出了重要贡献。迫害犹太人的原因因时间地点而异：某种不幸（如饥荒或瘟疫）发生时，犹太人作为外来者有时不过是顺手的替罪羔羊；其他时候的迫害动机似乎都与财政相关，只是常常会被不同的借口掩饰。

财政问题似乎一直都是法国的腓力二世迫害犹太人的动机。1180 年，他登基后不久，大批犹太人被投入监狱，或被国王的人马抢劫。根据史书记载，这些迫害行为是出于犹太人种种骇人听闻的"恶行"，史书还赞扬了腓力二世对待臣民仁慈而悯恤——因为他在 1181 年一笔勾销了所有基督徒欠犹太人的债务。

腓力被誉为把人民从千斤债务中解放出来的圣人。他为自己捞取的那百分之二十的油水被一笔带过，而且这种公然的大规模抢劫被粉饰成某位鹤鸣之士批准的

犹太人被命令在一个月内离开法国，只能带上衣服和极少财物。有时，一些人好不容易逃到了一个新的地方，却正好赶上这里的另一轮迫害。

善举。同样，1182 年腓力二世没收犹太人的土地并命令他们离开法国时，时人还赞扬了腓力的智慧和仁慈。当然，皈依了基督教的人得以留下。

1240 年，布列塔尼的约翰公爵（Duke John of Brittany）再次驱逐了犹太人，并勾销了基督教徒欠犹太人的所有债务。两年之后，被教会封为圣人的法王路易九世曾下令焚烧犹太宗教文献。大约 12000 本书被销毁。在印刷术发明之前的时代，每一本书都是历经千辛万苦手写而成的。再往后，路易九世把犹太人驱逐出境，没收了他们的土地和财产。

几年后，这一情形在英格兰再度上演，这次的借口是保护货币。在当时，剪币的行为（从硬币上刮下些许贵重金属）威胁到人们对货币价值的信心。剪币者受到了严厉的处罚，但这一现象仍未杜绝。以处罚剪币者为由，英王爱德华一世逮捕了国内所有的犹太人。

为了给战争筹集资金，爱德华已经对犹太放债人征收了重税，那些无法付税的人被指为不支持国王的叛徒。许多人表面上因剪币或不交税被捕，就这样被处决了。其中一些幸运者获释后才发现，家中的贵重物品在监禁期间被搜刮一空。

在摩尔人（Moors）的统治下，西班牙对犹太人非常宽容，但西班牙被收复之后，这里的犹太人再次面临迫害和驱逐。被指控假意皈依基督教的人将会面临异端审判。

犹太人还面临着各种针对他们的苛捐杂税。1290 年，爱德华一世终于下令将所有犹太人驱逐出英格兰。当然，他们可以带走的物品有严格的限制，留下的土地和财产将归王室所有。接下来的三个世纪里，英格兰境内再无犹太人的踪迹。

与此同时，犹太人回到了法国，1290 年后，被驱逐出英格兰的犹太人也加入了这个行列。有些人被聘为皇家收税员，其他人则想方设法谋生。教会禁止犹太人从事大多数职业，而且规定他们必须身穿代表犹太身份的衣服，这些规定使情况更加复杂。1306 年，为了保证没有漏网之鱼，腓力四世（Philip IV）在犹太教的圣日下令逮捕国内所有犹太人。

约 10 万名犹太人被逮捕。他们除所穿的衣服外，其他财产都被剥夺，而且必须在一个月内离开法国。王室没收他们的财产后花了数年时间拍卖，找到犹太人埋藏起来的财物的人还能得到赏金。1315 年这场驱逐终于停止，但 1322 年再度重演。

那些对待犹太人态度较为温和的国家成了许多流离失所的犹太人的家园。波兰便是其一，这里有庞大的犹太群体，许多勤劳且受过教育的犹太人为了逃避迫害涌入波兰，对当地大有裨益。波兰的卡齐米日三世（Casimir III，1310—1370）沿袭了前任统治者保护波兰境内的犹太居民的做法，于是这里成了犹太人在欧洲少数几个相对安全的地区之一。

只有波兰例外。在卡齐米日三世的统治下，犹太人的法律地位得到了保障。

摩尔人在伊比利亚建立的国家是犹太人的另一处天堂。然而，基督教国家收复失地后，西班牙的犹太人也遭到了迫害。14 世纪末，那些假意皈依基督教后继续信奉犹太教的人（crypto-Jews）面临异端审判，1492 年，犹太人被驱逐出西班牙。同时，在许多地区，犹太人被认为是黑死病肆虐的罪魁祸首，几个欧洲国家因此对他们赶尽杀绝。

宗教裁判各种各样的酷刑，让异教徒逼供假意皈依基督教的犹太人的踪迹。他们向镇民发放指南，教导他们如何发现这些犹太人，鼓励他们向当局报告可疑人员。

天主教会大分裂

　　1378 年当选后不久，教皇乌尔班六世（Urban VI）就开始得罪下属。这种情况不断变本加厉，导致一些红衣主教宣布本次选举无效，重新选出了一位更符合他们心意的教皇。罗马教皇乌尔班六世和亚维农教皇克莱芒七世（Clement VII）都宣称自己拥有绝对权威，教会出现了分裂。各国通常会支持最符合自身利益的教皇，并谴责另一位为伪教皇。1409 年，亚历山大五世（Alexander V）当选新教皇，但情况并未就此明朗。

　　教皇地位的合法性问题只能由大公会议定夺，而大公会议只有教皇有权召开。直到匈牙利国王西吉斯蒙德呼吁召开康斯坦茨大公会议，问题才迎刃而解。在会上，三位教皇都同意退位，并选举一位全员认可的新教皇。虽然这并非易事，但随着 1417 年马丁五世（Martin V）的当选，天主教会大分裂终于宣告结束。

康斯坦茨会议在 1414—1418 年举行。会议的主要目的是解决天主教的分裂问题，同时审查了约翰·威克利夫（John Wycliffe）和扬·胡斯的教义。扬·胡斯因异端罪名被处决。

法兰西的腓力四世（1268—1314）

迫害圣殿骑士团

法兰西的路易九世参加了两次十字军东征。1270 年，第二次东征途中，他在突尼斯因病去世。他的儿子腓力当时在他身边随行，回国后登上王位，史称腓力三世（Philip III）。腓力三世被称为"勇敢者"（the Bold），因为他是一位老练而强蛮的战士。腓力三世的统治持续到 1285 年，他和父亲一样，死于十字军东征时感染的疾病。那是阿拉贡十字军东征（Aragonese Crusade），目标是因征服西西里而激怒了教皇的阿拉贡国王佩德罗三世（Peter III）。

> 为了解决国库匮竭的问题，腓力四世对富人——先是犹太人，后来是圣殿骑士团——极尽迫害之能事。

1285 年，腓力四世继承王位。他被称为"美男子"（the Fair），是因为其外表俊美，而不是因为他对公平正义有什么兴趣和执着。不过，他总是煞费苦心地想要达到祖父路易九世那样的高度。事实上，腓力四世可能对自己过于强求了，因为他把那位圣人的一些言过其实的声誉当成了要奋力达到的标准。

父亲去世后，腓力四世退出了阿拉贡十字军东征。他在位初期牺牲贵族、教会和中产阶级的利益，以加强君主制。这样一来，他在这几个群体中都不受欢迎，但他确实站稳了脚跟。1303 年，腓力四世的女儿和英格兰未来的国王爱德华二世联姻，英法两国的战争矛盾得到解决。虽然 1302 年腓力四世在科特赖克（Courtrai）的金马刺之战（Battle of the Golden Spurs）遭遇重大挫折，但他最终击败了佛兰芒人（Flemish），这些人在新近的冲突中倒向英格兰的一边。

腓力还曾与教皇卜尼法斯八世（Boniface VIII，1235—1303）不和，后者曾质疑腓力颁布的一些法令。卜尼法斯死后，指责和反诉的论战持续了很久，最终克莱芒五世（Clement V）将教廷从罗马迁至法国的阿维尼翁（Avignon），这个教廷的存在从 1309 年延续到 1376 年。天主教会大分裂期间，阿维尼翁再次成为教廷所在地，虽然在阿维尼翁的教皇被其他对手斥为伪教皇。

与卜尼法斯八世的斗争使腓力四世国库枯竭，为了解决这个问题，1306 年，腓力四世将犹太人驱逐出境，没收他们的财产。他还把目标对准了圣殿骑士团（Knights Templar）。

法兰西的腓力四世以牺牲声望为代价稳固了自己的地位，并创建了高效的官僚机构管理国家。他在位时，教廷搬到了法国控制下的阿维尼翁。

圣殿骑士团最初成立时以保护穷人和信徒前往圣地为使命。虽然在 12 世纪初建立时规模尚小，但后来它逐渐成为一个庞大且有权有势的组织，在几个国家都拥有土地。最重要的是，圣殿骑士团有能力保护资金安全地往返于圣地及其他目的地。

到 13 世纪初，圣殿骑士团已经成为一个金融组织，许多大贵族都欠了他们的债。他们在圣地的势力大增，许多人对他们的权力和影响力心怀不满。大约在 1304 年，开始有人指控骑士团内部腐败横生。这些指控包括渎神、鸡奸和信奉异端。

迫害圣殿骑士团正是腓力四世的企图，他进一步指控他们在秘密仪式上亵渎十字架。与教皇卜尼法斯不和时，腓力四世也用同样的理由指责过他，这些指控现在看来纯属捏造。然而，当时人们对圣殿骑士团的愤怒已经满溢，腓力四世有了正当理由逮捕他们。

为了与英格兰实现持久和平，腓力四世安排女儿伊莎贝拉嫁给威尔士亲王爱德华——未来的英王爱德华二世。爱德华二世被废黜后，伊莎贝尔于 1326—1330 年摄政。

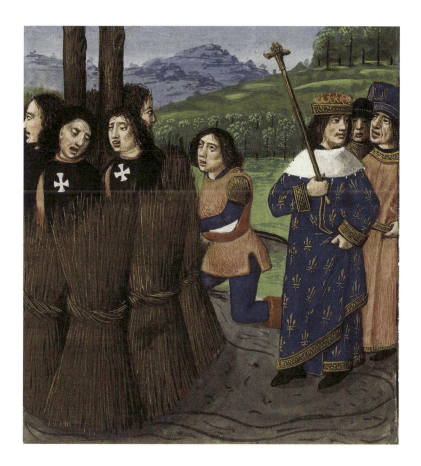

在所谓的异端罪名和反对教会的讹言被曝光后，许多圣殿骑士团的成员被处死。严刑拷打之下获取的供词为这些指控提供了"证明"，圣殿骑士团最终分崩离析。

圣殿骑士团的大部分财产被转移给了圣约翰骑士团［Knights of St John，又称医院骑士团（Knights Hospitaller）］，后者此后的职业生涯漫长而辉煌。而圣殿骑士团成员的下场非常凄惨。许多人在严刑拷打之下被迫认罪，沦为阶下囚；有的人则被处决。这一切都是腓力四世的计划，他一举消灭了一个大债主，还把他们的部分财产收入囊中。

人们对圣殿骑士团的命运议论纷纷，有人说他们参与了一统天下的密谋，有人说他们携带着财宝逃到了苏格兰，甚至有人说他们发现了美洲。对比起来，现实平淡无奇，他们在一场见利忘义的政治博弈中尸骨无存。

腓力四世显然是个机会主义者。他与遥远的蒙古人建立邦交，商讨在圣地结盟反对伊斯兰势力的可能性，但没有达成任何协议。不过，1313年，腓力四世宣布他将参加最后一次十字军东征。一年后，在雄心未竟的情况下，他去世了。

第三章
女　王

在中世纪，杰出的女性统治者——好吧，就算把所有女性统治者都算上——要远远少于男性统治者。这一现象有复杂的成因，而且往往会有多种因素同时起作用。可能是由于统治者需要在战场上运筹帷幄，与敌人正面交锋，才使得统治权成为男性的特权，而这纯粹是生理原因。也可能是因为女性怀孕必然承担着一定风险，一位身怀六甲的统治者根本无法穿上盔甲作战。

底图：卡斯蒂利亚的伊莎贝拉（Isabella of Castile）和阿拉贡的斐迪南（Ferdinand of Aragon）的婚姻联合了两个大国。他们的婚姻创建了一种行之有效的共同统治模式，为西班牙的统一铺平了道路。

还有一种可能是习惯使然或别有用心的性别歧视。也许当时的人们认为，成为统治者需要有一些不那么温婉贤淑的个性特征，这可能会使潜在的求婚者望而却步。同样可能的是，继承规则的制定者认定妇女的脾性不适合统治，或者认为她们的心智不足以掌握统治所需的政治概念。

这些理由很少能经得起客观分析，但统治者必须持刀作战倒是事实，而男性的体形平均而言比女性更高大强壮，这个理由在一定程度上说得通。也许那些决定王位继承的人本身是男性，他们出于私人原因，认定统治的游戏应该只允许男性参与。无论如何，中世纪确实出现了一些杰出的女性统治者，即便继承规则往往偏向于选择男性远亲而非血缘关系更近的女性。

说中世纪女王的统治和任何男性君主的统治一样出色，其实并不合适。她们的任务是统治，其余由历史去评判。在成果面前，性别并不重要，而她们的统治确实硕果累累。

玛蒂尔达皇后（1102—1167）

被表兄篡位的英格兰正统女王

征服者威廉共有四子，其中三个都比他长寿：威廉·鲁弗斯（William Rufus）继承了英格兰王位；长子罗贝尔·柯索斯（Robert Curthose）继承了诺曼底公国；最小的儿子亨利没有得到任何头衔，但得到了经济上的支持。威廉·鲁弗斯在一次狩猎中去世后，亨利继承了英格兰王位。

威廉·鲁弗斯之死的背后可能有一场阴谋，但亨利也并非一位不受欢迎的国王。亨利出生在英格兰，不像哥哥鲁弗斯，并且鲁弗斯并不受英格兰民众的喜爱。亨利承诺进行改革，后来与苏格兰国王之女、撒克逊贵族伊迪丝（Edith）结婚，使他更受人民的支持。

亨利一世面临着兄长罗贝尔·柯索斯的挑战，罗贝尔认为自己作为长子理应获得英格兰王国这份遗产。他的主张得到了英格兰境内的一些诺曼男爵的支持，但兄弟俩最后达成了一项协议，各自不再声称自己拥有对方的领地。然而，亨利认为有必要惩罚那些背叛他的男爵，结果导致了贝莱姆的罗伯特（Robert of Bellême）的叛乱。罗伯特战败后逃到诺曼底，亨利一路追击至此。在 1106 年的坦什布赖战役（Battle of Tinchebray）中，亨利击败了罗伯特并将其囚禁，由此，英格兰的亨利一世也控制了诺曼底。

亨利有很多私生子，但他与妻子所生的孩子只有两个，可能还有第三个孩子，但没有活到成年。亨利计划中的继承人威廉（William）在试图从英吉利海峡的一艘沉船中救出同父异母的妹妹时不幸死去。随后亨利指定婚生女玛蒂尔达（Matilda）为继承人。

玛蒂尔达原名阿德莱德（Adelaide），但她在 1114 年与神圣罗马帝国皇帝亨利五世结婚后改了名。玛蒂尔达同时也是德意志的女皇，她比丈夫年轻 20 岁，将比丈夫活得更久。他们膝下无子。也许是因为身居高位，玛蒂尔达养成了心高气傲、目中无人的脾性。在一定程度上，一位统治者确实需要几分这样的个性，但玛蒂尔达极其难以相处。

玛蒂尔达在丈夫去世后回到了英格兰，与父亲发生了激烈的争吵。争吵最大的原因是父亲坚持要她嫁给安茹伯爵若弗鲁瓦（Geoffrey）。若弗鲁瓦和玛蒂尔达相互憎恨，但在亨利一世的要求下，他们还是生下了三个儿子，长子即后来英格兰的亨利二世。

亨利一世在 1135 年去世，玛蒂尔达的继承权显然已经通过男爵的宣誓得到了保证。然而，亨利一世去世时，玛蒂尔达身在法兰西，这就使亨利一世的外甥斯蒂芬（Stephen）得以趁机篡位。斯蒂芬是布卢瓦伯爵斯蒂芬和征服者威廉之女阿德拉（Adela）所生的儿子。斯蒂芬的主张得到了英格兰和诺曼底的一些男爵的支持，显然是因为他们更想要一位男性统治者。苏格兰国王大卫（David）持有异议，他支持玛蒂尔达继承王位。

在当时，长子继承制并未成为一种普世接受的规则。统治者指定长子为继承人的做法很常见，但并非一定如此。通常情况下，祖传的土地会留给长子，其他领土则分配给其余后嗣。因此，征服者威廉的长子分得的是诺曼底公国，而非英格兰。这意味着继承规则并不总是一目了然的，这可能也是许多男爵愿意支持斯蒂芬而非玛蒂尔达的原因。

尽管如此，玛蒂尔达当时正怀着孕，无法迅速采取军事行动来应对。苏格兰国王大卫的干预失败了，但袭扰仍未停止，斯蒂芬无法在全境确立起稳固的统治权。

除非找不到合适的男性继承人，否则女性一般会被排除在传统的法兰克继承制之外。

部分原因是他很容易被男爵牵着鼻子走——也许这也是男爵们偏爱斯蒂芬而非自信果决、相当傲慢的玛蒂尔达的另一个原因。由于国王软弱无能，继承权争议不断，英格兰陷入了无政府状态。

1139 年，玛蒂尔达登陆英格兰，在此得到了同父异母的哥哥、格洛斯特伯爵罗伯特的支援。罗伯特是亨利一世众多私生子之一（或许也是长子），他是一个能干又忠诚的支持者。罗伯特通过控制林肯城堡，将国王斯蒂芬诱入战场，并成功将他俘获。斯蒂芬在激烈的打斗中展示了自己的英勇，但他并不是一位出色的将领和统治者。

虽然玛蒂尔达有时被称为英格兰夫人，但她并非一直受到人民的欢迎。她曾因得罪了伦敦的人们而被迫出逃，几近被自己生硬粗暴的个性害死。

罗贝尔·柯索斯试图用武力从弟弟亨利一世手中强行夺取英格兰王位，但 1106 年的坦什布赖战役使得这一企图落空。这场战役的起因是罗贝尔试图解救被围困的坦什布赖城堡。

不久后，格洛斯特的罗伯特被斯蒂芬的妻子指挥的一支部队所俘。战俘交换后，局势恢复到林肯战役（Battle of Lincoln）之前，无政府状态持续。

玛蒂尔达的决心比斯蒂芬更加坚定，在忠诚的支持者格洛斯特的罗伯特于 1147 年去世后，她仍决心继续斗争。1148 年，玛蒂尔达把这场斗争的领导权移交到儿子亨利（未来的亨利二世）手中，回到了法兰西。1153 年，亨利和斯蒂芬签订条约，条约规定斯蒂芬将在余生继续统治，死后由亨利继承王位。次年，斯蒂芬去世，亨利加冕，成为金雀花王朝的第一位国王。

亨利二世的地位稳固下来后，玛蒂尔达便退居到诺曼底的庄园，在 1167 年去世。她是位虔诚的信徒，直到晚年都是西多会（Cistercian Order）的重要赞助人。因斯蒂芬上位而被废黜时，她没有被动接

玛蒂尔达皇后从她的第一次婚姻，即与神圣罗马帝国皇帝亨利的婚姻中获得了头衔，很可能同时也养成了极端傲慢的性格。她并没有得到臣民的喜爱。

斯蒂芬国王易于被男爵操纵，因此成了男爵眼中理想的统治者。

受，因而导致了连年悲惨的内战，但她同时也使国家免于落入更糟的境地。斯蒂芬的统治在《盎格鲁－撒克逊编年史》（*The Anglo-Saxon Chronicle*，一本记述盎格鲁－撒克逊历史的年鉴）中遭到了猛烈的批评。在他的统治下，男爵们随心所欲，建造城堡，彼此敌对，反叛国王，强制使用劳动力，甚至监禁富人以窃取他们的财富。

　　斯蒂芬统治时，普通民众遭受了数不尽的苦难，以至于当时有"基督和他的圣徒们都在睡觉"这一说。其中有多少苦难是由于内战造成的还说不清楚，但如果没有内战，他的统治也几乎一样糟糕，而且他死后可能会出现更久的压迫和混乱期。无论如何，玛蒂

此图正面描绘了斯蒂芬和玛蒂尔达之间的争端。二人矛盾导致的无政府状态给英格兰人民带来了无尽的苦难。

尔达皇后被指定为亨利一世的继承人是名正言顺的，她也得到了男爵们的宣誓效忠。为王位而战既是她的权利，也是她的责任，对英格兰人民来说，她成为最终的胜利者，也许是幸运的。

1141 年的林肯战役的目的是解救被围困的林肯城堡。斯蒂芬被俘，后来因战俘交换得以脱身，但矛盾并未解决。

阿基坦的埃莉诺（1122—1204）

参与十字军东征，英格兰和法兰西王后

阿基坦公国（间或称作"王国"）于418年在法国的西南角建立。在之前的几个世纪里，这片地区已经被严重罗马化，并且由于欧洲民族大迁徙（匈人入侵欧洲导致的部落迁徙）而发生了大量的冲突。

阿基坦的埃莉诺是当时欧洲最理想的联姻人选。她富有魅力，受过教育，性情活泼，她的父亲还是欧洲大陆上最有权势的贵族之一，成为她的丈夫必然会在财富和地位上有极大的提高。

在这个动荡的时代，一个有组织的国家出现了，但它仍然受到部落入侵和邻国冲突的困扰。克洛维一世的征讨建立了墨洛温帝国，到555年，阿基坦至少有部分地区被法兰克人控制，这时它成为一个效忠于法兰克国王的公国。

阿基坦的首都在图卢兹（Toulouse），它曾是此前存在于该地的西哥特王国（Visigoth Kingdom）的首都。在查理曼统治时期，阿基坦作为一个王国，由加洛林王朝国王直接统治。这一时期的首都是其他城市，图卢兹则是一个重要的军事基地。

从850年左右开始，阿基坦又成为一个公国，它有时被称为"吉耶纳"（Guyenne），首都在利摩日（Limoges）。它有时由法兰克国王直接统治，有时则由国王指定的公爵统治。到1122年左右，

埃莉诺第一次婚姻的对象是法兰西的路易七世。她陪同他参与十字军东征，但二人却因东征计划发生龃龉，以至关系变得疏远。这段婚姻最终因二人是血亲而被宣布无效。

阿基坦的埃莉诺出生时，阿基坦公国作为能够牵动法兰西政局的一个重要角色，已经有了很长的历史。埃莉诺的父亲威廉十世（William X）非常富有且势力强大，作为他的继承人，年轻的埃莉诺是最理想的结婚人选。

埃莉诺15岁时父亲去世，法兰西国王成为她的监护人。不出所料，她几乎马上就被告知自己将与法王的儿子路易结婚。婚礼在1137年举行，不久之后，路易的父亲去世，路易成为法国国王。夫妇两人都很年轻，涉世未深，难免会犯错误。犯错的后果就是与强大的贵族争夺国家的控制权。在这个过程中，路易的一支军队对维特里（Vitry）的一座教堂里避难的平民进行了屠杀。

为了抚慰自己的良心以及避免教皇心生不满，路易同意参加前往圣地的十字军东征。埃莉诺似乎是第二次十字军东征的有力支持者，她热心地提供大量兵力，并为支持这项事业大声疾呼。她还坚持要求自己和其他一些贵族小姐一同随军出征，但这个要求就不那么受欢迎了。

埃莉诺从小个性活泼，年轻的时候就以骑术闻名。她的女性随行者中至少有几位身穿铠甲，装备成骑士，但是并无证据表明她们参加过战斗。十字军东征期间，埃莉诺和路易的关系变得越来越疏远。路易一心想要到达耶路撒冷，埃莉诺却站在她叔叔普瓦提埃的雷蒙德（Raymond of Poitiers）这一边。在这一点上，她也许表现出了比丈夫更优越的战略眼光。

在1144年陷落之前，埃德萨一直是十字军的埃德萨伯国的首都，而普瓦提埃的雷蒙德想确保埃德萨的安全。事实上，埃德萨的陷落是本次十字军东征的主要原因：埃德萨具有重要的精神意义和政治意义，将会是十字军在圣地巩固权力的重要基地。埃莉诺可能比丈夫更清楚这一点，也可能在与叔叔的辩论中被动摇。他们确实经常相处，因此引来了私通的流言蜚语，但这些传言几乎可以肯定是虚假的。

路易要求埃莉诺支持他夺取耶路撒冷，引起了她极大的不满。她以血缘关系为由宣称他们的婚姻无效（他们是近亲），但依然陪

对页图：埃莉诺坚持携带大批随行人员参与十字军东征。这本身并不稀奇，但她将贵族小姐装备成骑士的做法却招致了反对意见。

同他向耶路撒冷进军。最终，十字军东征未能夺取耶路撒冷，两人各自返回了家乡。虽然他们的婚姻继续维持了一段时间，且生有两个女儿，但埃莉诺和路易从未和解。1152 年，埃莉诺和路易的婚姻因血缘关系宣告无效。

成功拒绝几位有权有势的贵族撮合的，以满足他们一己私利的婚姻后，埃莉诺在 1152 年嫁给了安茹的亨利——未来的英格兰国王亨利二世。亨利于 1154 年继承了英格兰王位，其权势之大使其领土通常被称为"安茹帝国"。亨利通过联姻获得阿基坦，他当政期间，英格兰在法兰西的势力如日中天，而埃莉诺在这一时期也极为活跃。接下来的 20 年里，她为丈夫生了八个孩子，但在 1173 年，她因牵涉两个儿子反抗国王的阴谋而被监禁。

亨利二世去世后，其子理查继位。理查一世（众所周知的狮心王）下令释放埃莉诺，并在外出参与第三次十字军东征时由她在英格兰摄政。第二次十字军东征期间，埃莉诺坚持带领女性随从前往圣地，结果导致教皇下令禁止妇女参加东征。理查不在国内时，法兰西的腓力二世举兵入侵其在欧陆的领地，而理查在匆忙回国的路上被关进了监狱。

埃莉诺参与了释放理查的谈判，理查在 1199 年去世后，弟弟约翰继承了王位，这时埃莉诺除了担任法兰西王位的特使外，很少再参与英格兰的事务。埃莉诺回到了阿基坦，在那里她仍然是位活跃而强大的女人。她在 70 多岁时亲自去卡斯蒂利亚，把外孙女布兰卡嫁给了法兰西国王。80 多岁时，她仍挺身保卫阿基坦，防止它被布列塔尼的亚瑟（Arthur of Brittany）吞并。阿基坦平安无事后，她便退居幕后。1204 年，埃莉诺去世了。

阿基坦的埃莉诺参与过十字军东征，同时也是英格兰和法兰西的王后，她在推动被后世称为"骑士精神"（chivalry）的发展中也发挥了作用。"骑士"这个词最初指拥有一匹马的人，而马是财富和地位的标配。身家富裕的战士，即便拥有骑士头衔，也通常是战场上的莽汉，缺乏社交风度。讽刺的是，埃莉诺也许受到了当时控制西班牙的摩尔人教养文雅的影响，所以她更希望骑士能够举止文明。

埃莉诺的许多要求有时被称为"典雅爱情"（courtly love），比如鼓励骑士们遵循周详的礼节，写诗赞美她和她身边的贵族女性。想要在宫廷之中受宠或赢得某位小姐的青睐，就必须参与其中。这种做法鼓励了战士阶层接受教育，也使中世纪后期常见的"温柔骑士"（gentle knight）的说法传播开来。

n non de dieu · m aif ce me fait reconforter
le creatour · q' me daigmerent gmauder
q̃ nour dunft · q̃ le cefte eftoire entendiffe
p̃fa grãt doucour · z a rimer lentrepreiffe
q̃ lefames li · .y. dames enau maint la flour
puiffons reudre · d e fenf de biaute de valour
iurai arimouer · l eur nons ne vueil en apt dire
entendre · c ar leur pais aim z dont leur ire
J e qui hf dogier le dauois · s ique bien fait quere morroie
T̃ de bertam qui fu ou bois · d e duel fe fait ne dit auoie
z̃ de buenon de connmarchis · R ieuf for̃ leur plafir z leur gre
a i bn autre liure rempris · p ource feront leur non nõme

埃莉诺推动了我们所熟知的"骑士精神"这一概念的发展。图中,她的外孙女卡斯蒂利亚的布兰卡正在聆听诗歌。

骑士精神

骑士精神的概念在整个中世纪不断发展，具装骑兵逐渐从职业骑兵演变成善于战斗的美德典范，至少理论上如此。"骑士守则"有各种各样的版本，对宗教信仰和保护教会的强调不尽相同。人们普遍认同诚实、慷慨和勇敢是值得每位骑士追求的美德，但实际上他们遵守守则的程度大不相同。

其他制度也在不断发展。最初，马上比武只是骑士们互相考验战术的聚会，通常会用上真刀真枪，而且几乎可以在任何地方进行。后来，它成了具有庆典意义和政治意义的盛大活动，雄心勃勃的骑士可以在其中赢得财富或建立起令人生畏的名声。骑士身份在社会方面的演变与技术发展同时发生，最终产生了一种不适合上战场的专业比赛盔甲——这可以说是世界上最昂贵的运动装备了。

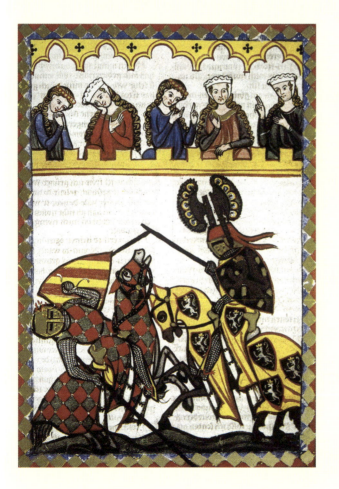

马上比武从一种几近是偶然进行的交锋或比赛发展成为一种要举办宴会和庆典的正式活动。随着盔甲的改进，比武已经不那么危险了，但致死事件仍会发生，受伤也很常见。

卡斯蒂利亚的布兰卡（1188—1252）

两度任法兰西摄政王

阿基坦的埃莉诺育有十个孩子，其中两个是与法王路易所生，八个是与第二任丈夫亨利二世所生。大多数孩子都活到了成年，并成为王后、公爵、伯爵甚至国王，他们在当时的政治中发挥了重要作用。其中英格兰的埃莉诺（Eleanor of England）是埃莉诺与亨利二世的第二个女儿。她出生于1162年，12岁时与卡斯蒂利亚的阿方索八世（Alfonso VIII of Castile）结婚。

与西班牙国王结盟对阿基坦的安全非常重要，对英格兰在法兰西的其他领地也是如此。如果阿基坦受到威胁，那么军队可能需要从其他地区抽调出来，使这些地区容易受到野心勃勃的法王的攻击。结盟之事并非一帆风顺，卡斯蒂利亚的阿方索宣称加斯科尼（Gascony）是埃莉诺的嫁妆之一，并在1205年进军攻占加斯科尼。经过一番谈判后，阿方索不再索要加斯科尼，但他并未对占有这片土地完全死心。

英格兰的埃莉诺为女儿们争取到了如意郎君，她在卡斯蒂利亚势力强大，无论从哪方面而言都更像一位共治者，而不仅仅是王后。1214年，埃莉诺在丈夫去世后几周也去世了，显然饱含着悲痛。同时，她年长的两位女儿分别嫁给了莱昂国王和阿拉贡国王，三女儿布兰卡嫁给了法兰西国王。

卡斯蒂利亚的布兰卡由她那位令人敬畏的外祖母——阿基坦的埃莉诺护送到法兰西，埃莉诺当时已经快80岁了。婚礼在1200年举行，但夫妇双方没有马上圆房。布兰卡当时才12岁，她的丈夫路易才13岁。这桩婚事由英格兰国王约翰安排，当时他正在失去父亲亨利二世在法兰西的大部分领土，迫切需要和平。虽然布兰卡是英格兰和卡斯蒂利亚王室的后裔，但她对婚后的祖国很忠诚，很希望见到法兰西的统

卡斯蒂利亚的布兰卡先是嫁给了法兰西的路易八世，并为他生下了未来的路易九世——圣路易。在路易九世可以独立执政之前，布兰卡一直出任摄政王。

一。这就不可避免地牺牲了英格兰，但由于"失地王约翰"（John Lackland）已经丧失了在法兰西的大部分领地，所以几乎不存在重大的利益冲突。

1215年，英格兰的约翰王被迫与贵族签订《大宪章》（*Magna Carta*），但他没有遵守其中的规定，很快就导致了内战。为反对英王，贵族邀请法王路易支援。路易以妻子布兰卡是亨利二世的外孙女，有权继承英格兰王位为由，插手其中。约翰王去世后，他的儿子成为亨利三世，当时法王路易占领了伦敦和英格兰南方的大部分地区，而布兰卡正在欧洲大陆筹备资金和军队。战争又继续了一段时间后，路易与英格兰讲和，并回到了国内。1223年，他加冕为法兰西国王，但只在位三年。

布兰卡和路易的婚姻由英格兰的约翰王牵线搭桥，他希望这能在英法之间带来和平。于是路易与英格兰的王位有了微乎其微的关联，他干预约翰王与贵族之间的内战也就显得合法。

布兰卡大部分参政生涯的背景是卡特里派（Cathari，即阿尔比派）异端运动。卡特里派反对《旧约》的大部分内容，宣扬一种禁欲主义和摒弃物质世界的相当极端的宗教形式。他们的教义在许多地方直接反对主流天主教，并随着教义的传播成了一个严重的问题。

1208 年，教皇英诺森三世（Innocent III）呼吁对异教徒进行十字军东征。这次东征被称为"阿尔比十字军东征"。阿尔比（Albi）是法兰西的一个城市，卡特里派在这里拥有大量的追随者。图卢兹的伯爵们对卡特里派持宽容态度，还试图脱离法国王室。本次东征大受欢迎，个中原因众多，包括十字军可以获得参与东征能获得的所有宗教福利，却不必长途跋涉到圣地。事实上，每年春季战役季节开始时，新的部队就会集结，冬季任务完成后，士兵就会返回家乡。

不管这种十字军东征的性质如何讽刺，卡特里派教徒受到的镇压都是残忍而野蛮的。只要城镇被认为窝藏了异教徒，就会遭

教皇英诺森三世起初派遣了传教士宣扬主流天主教来遏制卡特里派，无果后转而呼吁十字军东征。宗教异端面临着直接且残暴的镇压。

阿尔比十字军东征期间，图卢兹市被围困并多次落入不同的人手中。图卢兹伯爵雷蒙德六世被指过度纵容卡特里派。

到不分青红皂白的屠城。到 1215 年，法兰西南部的战争已经大都平息了，但只要教会的注意力被引向中东的十字军东征，就会再次出现新的起义。路易八世成功平定了法兰西南部，击败了图卢兹的伯爵们，但他在 1226 年去世了，留下年幼的儿子路易九世。

路易九世年幼时，卡斯蒂利亚的布兰卡以摄政王的身份统治法兰西。1248 年至 1252 年，路易九世参与十字军东征时，她再度出任摄政王。

卡斯蒂利亚的布兰卡被任命为摄政王，以儿子之名统治法兰西，直至他可以独立掌权。当时的法国政治常常风云诡谲，由于国王尚且年幼，总有一些人一门心思争权逐利。其中就有布洛涅伯爵腓力·赫雷佩尔（Philip Hurepel of Boulogne），他是法王腓力二世的私生子。

腓力·赫雷佩尔的叛乱得到了英王亨利三世的支持，一度接近成功。卡斯蒂利亚的布兰卡组建了一支军队，出兵迎击叛军，但最终只是签订了协约，并没有真正参加战斗。协约没有得到长期的遵守，依然需要诉诸武力和使用外交手腕才能建立起和平。

布兰卡的成就之一是与表弟图卢兹伯爵雷蒙德（Count Raymond of Toulouse）达成了和解，使雷蒙德之女让娜（Jeanne）最终与布兰卡之子阿尔方斯（Alphonse）结婚。雷蒙德死后，布兰卡迅速采取行动，阻止了任何试图拆散让娜和阿尔方斯的阴谋，并取得了各封臣承诺效忠的誓言。同时，布兰卡通过强势的谈判结束了反对儿子路易九世的叛乱。她还更大范围地干预了欧洲的政治，出力安排王室联姻，阻止了从中作梗的人。

卡斯蒂利亚的布兰卡致力于保护穷人和犹太人，反对当时针对他们的舆论。在这一点上，她表现出了与当时主流观点背道而驰的非凡意志，即便这有损她自己的声誉。然而，布兰卡确实与巴黎大学发生了分歧，导致学生和学者从大学撤出。最终双方达成了和解，巴黎大学获得了额外的特权和保护。

当路易九世成年并开始独立掌权时，卡斯蒂利亚的布兰卡继续在身后支持他，并在他管理国家的过程中发挥了重要作用。不过，她对儿媳普罗旺斯的玛格丽特（Margaret of Provence）并不友好，虽然布兰卡在一开始是支持这桩婚事的。布兰卡尤其反对路易带着妻子一同参与十字军东征，但路易东征时，布兰卡是一位能干的摄政王。

布兰卡是一位真正虔诚的女信徒，一生做了许多善事。其中一些善行起源于一件小事：有一次，她在孩子生病的时候向上帝做出了绝望的誓言，但后来忘记自己到底承诺了什么。她于是请求教皇同意将誓言改为做善事的承诺。然而，她对穷人和受压迫者的怜悯与保护也有可能是出于善良的天性。

　　布兰卡摄政期间和路易九世统治时期，教会因她的资助及国内普遍的繁荣稳定而欣欣向荣。大教堂和修道院拔地而起，其中多由布兰卡喜爱的西多会建造。1252年，布兰卡死于心脏病，去世后埋葬在她资助的莫比森修道院（Maubuisson Abbey）。

布兰卡致力于保护社会上的弱者，比如犹太人或穷人。

教士阶层的特权

1166 年，英王亨利二世精简了法律制度，不再需要世俗法官和高级神职人员同时审理法律案件。此举产生了一个意想不到的后果：世俗法庭无权审判神职人员，因为神职人员有权让教会法庭来审理自己的案件。

于是，任何能够"证明"自己是神职人员的人都可以要求将其案件转交给教会法庭，而教会法庭的判决要宽松得多，也许一次忏悔便可以了事。起初，只要穿戴看起来像个神职人员就算作证据，后来则改为需要背出《圣经》中的一段。由于要求背诵的部分几乎总是第 51 首圣咏，一个有心的骗子便可以先声称自己是神职人员，再背诵圣咏来证明身份，以此避免受到重判。

为了遏制这种欺骗行径，政府后来出台了一些限制法规，并且宣布由于某些罪行过于严重，不允许神职人员受轻判。这些罪行包括巫术、谋杀、叛国和（令人不解的）扒窃。国家或国王在惩罚神职人员时究竟拥有多大权力，在当时一直是争论的焦点。

法兰西的伊莎贝拉（1292—1358）

废黜丈夫，为儿子摄政

法兰西的伊莎贝拉是法王腓力四世和纳瓦拉的琼（Joan of Navarre）所生的女儿。她出生时，正值百年战争开始之前，英法两国冲突不断。此时，英格兰的贵族甚至国王仍有可能向法兰西求援，但在仅仅几年之后，这将会变得不可想象。

伊莎贝拉的父亲腓力四世在其兄长去世后被提拔为继承人，事出突然，引发了流言蜚语和各色指责。而腓力四世的父亲正处于失去第一任妻子的悲痛之中，和他不十分亲近。腓力在圣徒路易九世身上找到了榜样，将他自己想象之中的路易的形象作为标准，并试图达到。

1294 年，为了争夺加斯科尼的所有权，英法爆发战争，年轻且不太自信的腓力对阵英王爱德华一世。战争的结果比预想的要好，1303 年两国签订条约，条约承诺未来的英王爱德华二世将和腓力的女儿伊莎贝拉结婚。

　　1307 年，爱德华一世在镇压苏格兰起义时去世，他的儿子爱德华二世登上了英格兰的王位。此前承诺的伊莎贝拉与爱德华二世的婚姻在次年举行。伊莎贝拉几乎马上就卷入了英格兰复杂的政治纠纷中，特别是与国王的宠臣皮尔·盖维斯顿（Piers Gaveston）相关的争论。关于盖维斯顿和爱德华的关系，前人已经写了很多，有说法称他们是恋人。同样可能的是，他们只是密友，是不靠血缘关系而只靠相互选择的兄弟。

　　尽管如此，为了减少对国王的影响，盖维斯顿还是多次遭遇流放，一次是爱德华一世的要求，另外两次是迫于英格兰贵族和法兰西王室的压力。伊莎贝拉本人曾哀叹皮尔·盖维斯顿取代了她在国王生活中的地位，但这未必能证明国王和盖维斯顿之间存在性关系。她可能只是在感慨这样一个事实：作为国王的妻子，她希望成为国王的心腹和副手，而皮尔·盖维斯顿却夺走了这些角色。英格兰贵族指控盖维斯顿和爱德华二世是恋人时表达出来的敌意，很可能是针对盖维斯顿拥有过大的影响力这一事实而产生的更务实的考虑。

腓力四世明智地选择了在英法之间缔造和平，因此说定了女儿伊莎贝拉和未来的爱德华二世的婚姻。这桩并不幸福的婚姻以伊莎贝拉和爱德华兵戎相见而告终。

伊莎贝拉向宫中的朋友、法兰西的亲戚以及教皇求助，请求他们在她与盖维斯顿的权力纷争中帮助她。1311 年，盖维斯顿第三次也是最后一次被流放。在驱逐令之下，盖维斯顿还是回了国，这就使他成了敌人的猎物。敌人抓住机会不顾一切地处决了盖维斯顿。这些人中包括兰开斯特伯爵托马斯，他是伊莎贝拉的亲戚，他插手这件事可能是出于对她处境的同情，也可能只是为了自身的利益。

皮尔·盖维斯顿在王室中赢得了一席之地，但爱德华对他的大肆宠爱引起了宫中其他人的极度憎恶。

也许因为盖维斯顿一事，伊莎贝拉和丈夫之间的关系越发紧张，尽管她为丈夫生了孩子。爱德华的威望因 1314 年班诺克本一战的失败而严重受损，他又有了一群新的宠臣，即德斯彭瑟（Despenser）家族。德斯彭瑟家族和英格兰的其他贵族，特别是兰开斯特伯爵之间的紧张关系不断升级，最终导致了内战，最后以国王这一边——德斯彭瑟家族的胜利和兰开斯特伯爵被处决而告终。

地位稳固后，德斯彭瑟家族利用一切机会替自己敛财，但他们也确保了爱德华二世同样从中受益。到 14 世纪 20 年代初，公众舆论对爱德华及这些宠臣的态度更加强硬，经常可以听到人们把兰开斯特伯爵描绘成一位烈士。与此同时，罗杰·莫蒂默——德斯彭瑟家族的主要反对者之一，于 1323 年从伦敦塔的监狱中逃脱，逃

虽然爱德华二世和皮尔·盖维斯顿之间的关系还有待厘清，但这段关系的性质如何，可能还不如盖维斯顿由此获得的权力重要。

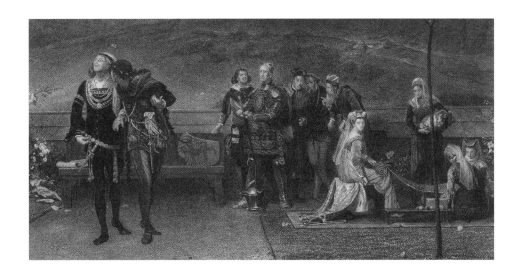

到了法兰西。

两年后，伊莎贝拉也前往法国，表面上是为了解决最近爆发的加斯科尼争端。她拒绝返回英格兰，声称德斯彭瑟家族蓄意要伤害她（这一说法不无道理）。在罗杰·莫蒂默的协助下，伊莎贝拉开始策划反对与她不和的丈夫。两人不知何时成了恋人，他们可能在离开英格兰之前就有了关系，但直到1326年这段关系才被公开。

伊莎贝拉的儿子，即未来的爱德华三世在法兰西加入了母亲的阵营，这使得她拒绝返回英格兰的行为对爱德华二世更加不利。他预计伊莎贝拉会入侵英格兰，并做了力所能及的准备，但德斯彭瑟家族过分的行为导致其他贵族对支持国王缺乏兴趣。伊莎贝拉的队伍随着德斯彭瑟家族反对者的加入而迅速壮大，她的行动所得到

盖维斯顿被围困在斯卡伯勒城堡（Scarborough Castle）后被俘。他的仇敌一心要铲除他，根本不顾烦琐的法律细节，假装进行了审判就立马将他处决。

的支持比爱德华二世的多得多。爱德华二世和他的亲信逃离了伦敦，留下一众官员面对愤怒的市民，充当挡箭牌。

爱德华二世和德斯彭瑟家族努力寻求支持却几乎一无所获，很快就一败涂地。爱德华被囚禁了一段时间，他的宠臣则被严刑处理，而且形势很快把他十几岁的儿子推上王位。由于此事没有先例可循，有必要恳请英格兰的贵族和教士考虑，鉴于爱德华二世的统治对其宠臣以外的任何人都没有好处，因此他已经不适合继续统治。国民同意了，但有一个继承问题——年轻的爱德华对王位的宣称权来自他的父亲，可能会因为老国王被废黜而失效。不过最终，

盖维斯顿的仇敌颁布了永久驱逐他的法令，爱德华二世宣布这项法令无效，双方公开对峙。

年轻的爱德华三世在父亲退位后加冕为英格兰国王。在随后的摄政期中，罗杰·莫蒂默因过度受宠而树敌。

爱德华二世被迫退位，让位于他的儿子。

爱德华三世在 1327 年加冕时只有 14 岁，所以英格兰在一段时间内由伊莎贝拉和莫蒂默统治。然而，莫蒂默开始步他曾经敌人的后尘，即为了巩固自己的权力，偏袒自己的支持者，甚至不惜以牺牲他人为代价。由于缺乏爱德华三世的支持，一个除掉莫蒂默的阴谋失败了。但在 1330 年，爱德华逮捕了莫蒂默和伊莎贝拉。莫蒂默被判处死刑，伊莎贝拉则被从宽处理。

被逮捕一段时间后，王室向伊莎贝拉提供资助，并且允许她过贵族一样的生活，但没收了她的大部分财产。伊莎贝拉的余生一直活跃在宫廷中，还进行了宗教朝圣。她在死前获授圣职，这在当时并不罕见。

除了在推翻爱德华二世的过程中发挥了作用，伊莎贝拉对她的孙子——黑太子爱德华的生活也产生了重要影响。1358 年，她去世后将大部分遗产留给了黑太子爱德华。

爱德华三世铲除莫蒂默的计划已经酝酿了一段时间，但直至 1330 年 10 月才有机会动手。约 20 名国王信任的骑士参与了诺丁汉城堡（Nottingham Castle）的逮捕行动。

黑太子爱德华（1330—1376）

黑太子爱德华是英王爱德华三世的儿子，从小就接受军事教育。在1346年克雷西战役中，虽然他年仅16岁，但他的父亲没有前来增援他陷入困境之中的部队，而选择了充分信任他的能力："让小伙子自己建功立业吧！"1356年的普瓦捷一战中，爱德华以寡敌众，击败了法王约翰二世的部队，并且俘虏了法王。

爱德华作为一位勇武的骑士声名远扬，而"黑太子"这一绰号在他去世很久后才出现，可能源于他火暴的脾气。他性喜奢华，偏好夸耀，在他阿基坦王宫那些尊贵的客人里，有几位是流亡之君。卡斯蒂利亚的彼得（Peter of Castile）就是其中之一，他请求爱德华协助他重新夺回王位。爱德华在那场战争中病倒后就再也没有康复，他死于1376年，年仅46岁。他的父亲爱德华三世次年才去世，王位传给了黑太子爱德华的儿子理查。

由于黑太子爱德华英年早逝，爱德华三世的王位由孙子理查二世继承。

那不勒斯的乔万娜一世（1328—1382）

失而复得的江山

那不勒斯王国起源于 12 世纪初，是诺曼人征服了西西里岛和意大利南部后建立起来的。12 世纪末，那不勒斯王国成为一个独立的政治实体，但西西里岛被阿拉贡人控制。13 世纪早期至中期，那不勒斯由国王智者罗伯特（Robert the Wise）统治，稳定而繁荣。

罗伯特国王以赞助艺术、支持教育事业发展而闻名，他也花费了大量资金兴建宏伟堂皇的建筑。在他的统治下，那不勒斯逐渐成为学术教育和进步思想的中心。罗伯特的儿子在他仍在位时都去世了，所以王位继承成了问题。他选中了孙辈中最年长的乔万娜，当时她已订婚。罗伯特坚定地认为乔万娜能够凭借自身实力成为统治者。她的丈夫可以获得与地位身份相称的头衔，但罗伯特只会把遗产留给孙女。

乔万娜来自卡佩安茹（Capetian Angevin）王朝，这是从 10 世纪末到 14 世纪初统治法兰西的卡佩家族的一个庶系分支。这意味着她在欧洲各地都有势力强大的亲戚能够提供帮助，但也可能会被卷入家族内部的纷争之中。除了那不勒斯王国，乔万娜还继承了普罗旺斯女伯爵（Countess of Provence）和福尔卡基耶女伯爵（Countess of Forcalquier）的头衔。

由于祖父罗伯特去世时，乔万娜只有 16 岁，因此需要一位摄政王。自然而然地，围绕着王位的权力斗争不断发展，摄政权落入了一位教廷使节的手中。次年，即 1344 年，乔万娜加冕为那不勒斯女王。她的丈夫匈牙利的安德烈（Andrew of Hungary）获得了头衔，但没有被授予任何官职，因此提出了强烈的抗议。

乔万娜身体抱恙时，安德烈趁机推进自己的计划，却使自己在贵族群体中不受欢迎。他还与教皇达成协议，让自己加冕为那不勒斯国王，积极插手王国的治理。1345 年，他在外出狩猎时被谋杀——有人用绳子将他勒死，在半夜里扔出窗外。乔万娜当时就在附近，但对于她是否指使了这一阴谋，依然众说纷纭。她当时正怀着孩子，那一年年底才分娩。安德烈被杀使得那不勒斯与匈牙利的关系恶化，本来因为安德烈不能参与"他的"新王国的治理，两国之间的关系已经十分紧张。人们以为乔万娜会嫁给安德烈的弟弟斯蒂芬，所以当乔万娜宣布将与塔兰托的路易吉（Louis of Taranto）结婚时，他们并不被看好。

皮埃蒙特（Piedmont）的大部分领地受北意大利的袭击被夺走后，那不勒斯已经面临着威胁，而乔万娜与塔兰托的路易吉的婚姻又引来了更多敌人，其中包括路易吉的弟弟塔兰托的罗贝托（Robert of Taranto），以及杜拉索的卡洛（Charles of Durazzo）。虽然路易吉和乔万娜成功地击退了罗贝托的部队，但1347年匈牙利也入侵了那不勒斯。

年轻的乔万娜登上王位后，那不勒斯王国的稳定被权力斗争破坏。

在智者罗伯特的统治下，文化和教育在那不勒斯王国开花结果。多年的繁荣间建立起了许多富丽堂皇的建筑。

由于在国内孤立无援，路易吉和乔万娜在匈牙利人登堂入室之前便逃离了那不勒斯。他们经马赛前往普罗旺斯，然后到阿维尼翁觐见教皇。教皇承认并祝福了他们的婚姻，而且同意调查乔万娜的第一任丈夫安德烈之死。最终，乔万娜被宣告无罪，不是此事的同谋。在此期间，黑死病暴发，匈牙利军队被迫撤出那不勒斯，他们有了回国的机会。乔万娜回国后与新任丈夫路易吉共同执政，不像之前那样仅仅给予安德烈一个王夫的头衔。

那不勒斯与匈牙利的战争继续，其间路易吉在危急关头运筹帷幄，逐步控制了那不勒斯。他将乔万娜的宠臣亲信全部洗牌，或许还除掉了他自己特别反感的人。路易吉死于1362年，比乔万娜的所有子女都长寿。

那不勒斯的乔万娜曾尝试鼓励和阻止丈夫参政。然而两种策略都没有好下场。

路易吉死后，乔万娜开始重新控制王国，她罢免了不合心意的官员，并出台了新的法律来巩固自己的地位。她在1362年底通过代理人订下婚事，并在次年再次结婚。这一任丈夫是命运多舛的马约卡国王海梅四世（James IV of Majorca），他由于争夺王位的权力斗争在铁笼子里被囚禁了近14年。

乔万娜当时没有存活下来的孩子，比起丈夫，她更想要一位继承人。根据婚约，海梅四世只是王夫，不能参与那不勒斯的国务。但他仍想夺回马约卡的王位，于是与英格兰的黑太子爱德华一起前往卡斯蒂利亚参战，他希望爱德华能帮助他夺回王位。这次战役一败涂地，海梅四世被俘。乔万娜把他赎了回来，但他很快再次前往卡斯蒂利亚参战，于 1375 年在那里去世。

海梅四世没有令乔万娜怀上继承人，但他把亚该亚（Achaea）公国的所有权留

马约卡的海梅四世在经历长期监禁后精神失常，他对夺回王位一事魂牵梦萦，无心协助乔万娜统治那不勒斯。

匈牙利的安德烈被残忍谋杀后，那不勒斯与匈牙利关系破裂。乔万娜在该事件中被宣告无罪。

给了她。接下来的几年里，乔万娜在普罗旺斯的领地受到当地冲突的威胁，但冲突的起因与她无关。那不勒斯和平稳定，乔万娜得以专注于管理和立法。虽然乔万娜有种事无巨细都要加以干涉的倾向，但她确实是一位精明能干的统治者，在她的领导下，那不勒斯欣欣向荣。她善于应对王室内部的权力纷争，使自己的地位更加稳固。1376年，她嫁给了布伦斯威克－格鲁本哈根公爵（Duke of Brunswick-Grubenhagen）奥托（Otto），奥托当时给予了她大力支持。奥托显然也只是王夫，乔万娜不想重蹈覆辙。

1378年出现了天主教会大分裂，两位教皇相对而立：一位在罗马，另一位在阿维尼翁。乔万娜无法置身冲突之外，无论如何，她与阿维尼翁在政治上密切相关，

The QUEEN of NAPLES surrenders her DOMINIONS
to POPE CLEMENT 7th

天主教会大分裂不仅仅是教会内部的分裂，各个王国也必须选择忠于哪一阵营。那不勒斯的乔万娜选择了阿维尼翁的教皇克莱芒七世，因此成了乌尔班六世的敌人。

因此必须选择法兰西王室支持的教皇克莱芒七世。克莱芒的对手乌尔班六世谴责乔万娜，拒绝承认她对那不勒斯的统治权，想令她的领地沦为野心家的猎物。

杜拉索的卡洛野心勃勃，他此前试图在那不勒斯争权夺位，但是一无所获。有了匈牙利军队的支持，他入侵那不勒斯，并且击败了奥托。乔万娜被包围后只好投降。监禁期间，安茹的路易一世（Louis I of Anjou），也就是无嗣的乔万娜指定的继承人，前来意大利解救她。但一切已成定局，奥托被驱逐出那不勒斯，而乔万娜死于谋杀。

一些说法称乔万娜是被绳子勒死的，与第一任丈夫的死法不无相似。还有说法称她是被枕头或床垫闷死的。不管真相如何，官方声称她是自然死亡。她的尸体被公开展示，为的是证明她的死并非虚言。由于乔万娜被开除了教籍（至少根据一位教皇的说法），她的尸体后来被毫无尊严地处理掉了。

乔万娜的死结束了那不勒斯的稳定年代，此后多年，王国一直陷于继承权的争端。乔万娜在普罗旺斯和福卡尔基耶的财产留给了安茹的路易一世。

根据某些史料，乔万娜是被闷死的。也有人称她是被绳子勒死的。乔万娜的第一任丈夫就是以这种方式死去的，虽然乔万娜在此事件中被宣布无罪，但依然有人指责她。

黑死病

黑死病很可能是通过商船上的老鼠携带的跳蚤从亚洲传到欧洲的。到达欧洲之后，病菌通过当时广泛联结的贸易网络迅速传播。黑死病由鼠疫耶尔森氏菌引起，发病时类似当时人称"疫病"（plague）的几种疾病之一。鼠疫则是这几种疾病中最常见的。

鼠疫的死亡率非常高，但并非能立即四处传播——尤其是杀死宿主之后。因此，当时的政治在很大程度上受到了哪些地区因鼠疫而人口锐减、哪些地区正值鼠疫肆虐的影响。鼠疫还会衍生其他问题，比如一些人认为这是上帝的惩罚，导致一些地区的犹太人、吉普赛人或外来者被屠杀。

黑死病是中世纪终结的原因之一。人口锐减后，新手工业者一日的劳作也成了一种有价值的商品，普通人得以要求提高待遇、获得更公平的工资，最终瓦解了中世纪的社会秩序。

黑死病使欧洲上下陷入了恐怖之中，在人们心里留下了伤痕，并且永远地改变了社会秩序。

丹麦的玛格丽特（1353—1412）

统一斯堪的纳维亚的女王

贯穿整个中世纪，丹麦在很大程度上参与了英格兰、苏格兰以及其他许多国家的政治。作为诺斯人（通常称为维京人）的故乡之一，丹麦是贸易和劫掠探险的起源地，也是后来征服定居新土地的庞大部队的发源地。丹麦人与瑞典人、挪威人有很多相似之处，他们通过沿海贸易建立了牢固的联系，斯堪的纳维亚国家的历史由此交织在一起。

蓝牙王哈拉尔（King Harald Bluetooth）令丹麦在 10 世纪中叶接受了基督教，他

和许多王室的女儿一样，丹麦的玛格丽特被父亲瓦尔德玛四世当作一枚政治棋子。她嫁给挪威国王哈康（Haakon of Norway），是为了在丹麦东山再起时巩固联盟，以提高国家的地位。

丹麦国王瓦尔德玛四世占领维斯比（Visby）后索要赎金。虽然名义上是征税，但实际上更类似于抢劫或勒索。他要求镇民们用贵重物品装满三只大酒，否则维斯比就会被付之一炬。

丹麦的克里斯托弗二世登基时面临着惨淡的局面，而他对此无能为力。他去世后，丹麦根本算不上一个王国。

还一度当上了挪威的国王。丹麦从中世纪早期文明主导的社会演变为中世纪盛期的封建王国。到 1353 年玛格丽特出生时，丹麦和其他欧洲国家一样，陷入王朝内部的纷争。

玛格丽特的祖父是克里斯托弗二世（Christopher II），他之所以被大贵族推举为国王，正是因为他们认定他软弱无能。他接手王国时，王国的很多土地已经通过不利条款被抵押给了丹麦和德意志的贵族。此外，他还受到宪章的约束，在采取任何行动之前都必须得到大贵族和教会的同意。

由于宪章明显维护那些强制实行宪章之辈的利益，克里斯托弗二世失去了许多原本可用的财政收入来源，于是他试图通过攻打德意志北部来获取钱财。1326 年，他被贵族废黜，流放了三年之后，贵族之间的纷争使他被再次邀请成为国王。这时，克里斯托弗二世面临着比此前更糟糕的局面。他在后来的统治（如果还能称为统治的话）中纯粹是个傀儡，他去世后，丹麦根本称不上一个王国。

丹麦持续的内部纷争使玛格丽特此前被流放的父亲瓦尔德玛（Valdemar，克里斯托弗二世之子）被召回，且被选为丹麦国王。同样，大地主们真正想要的只是一个傀儡，但瓦尔德玛四世有其他的打算。通过外交，他控制了一些领土，可以从中筹钱——主要是对哥本哈根（Copenhagen）附近狭窄海域的航运征税。他与条顿骑士团达成协议，割让丹麦的爱沙尼亚（Estonia）以换取钱财，用这些钱偿还了抵押贷款，收复了一些失地。

通过外交和武力的联合，丹麦举国上下整顿一新，瓦尔德玛四世坐稳了国王的位子。1349 年暴发的鼠疫重挫了瓦尔德玛的敌人，但其支持者所受的影响较轻，他因此吞并了更多的土地。他在位后期与瑞典和汉萨同盟（Hanseatic League）产生冲突，后者权势日益壮大，超出了他的控制。瓦尔德玛四世于 1375 年去世，他在几乎一无所有的情况下重新建立了丹麦王国。

瓦尔德玛的女儿玛格丽特嫁给了挪威国王哈康。这桩婚事是父亲在她很小的时候安排的，目的是稳固丹麦王国的地位。虽然当时政局并不稳定，但两人还是在 1363 年结婚了。哈康曾觊觎瑞典的王位，但被梅克伦堡的阿尔伯特（Albert of Mecklenburg）击败，后者在 1364 年加冕为瑞典国王。

玛格丽特在挪威接受教育，1375 年父亲去世后，她年幼的儿子奥拉夫（Olaf）被选为丹麦国王。1380 年，哈康去世，奥拉夫也继承了挪威的王位，但两国都由玛格丽特摄政。到了这一步，她已经颇为成功，事实上在哈康去世之前，她就掌握了挪威的实权。丹麦和挪威的联合始于玛格丽特和奥拉夫统治时期，并且持续到中世纪结束很久之后。在此期间，玛格丽特战胜汉萨同盟，控制了之前失去的一些沿海领土。

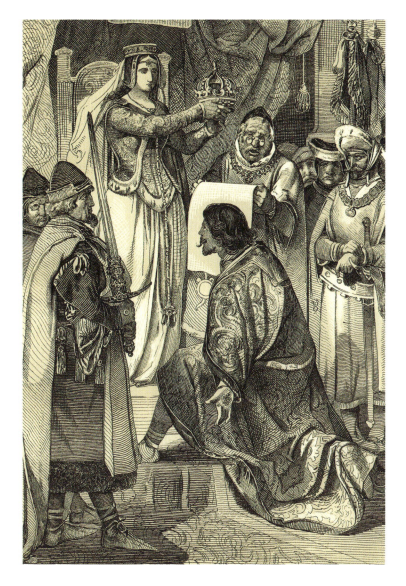

丹麦的玛格丽特统一了斯堪的纳维亚，甚至在波美拉尼亚的埃里克正式登基后依然掌控实权。

波美拉尼亚的埃里克是丹麦国王瓦尔德玛四世的孙子，与挪威国王哈康也有血缘关系。他拥有两个国家的继承权，他成为国王也使玛格丽特的治理合法化。

奥拉夫长大后，玛格丽特准备以他的名义进军瑞典。她一心废黜梅克伦堡的阿尔伯特，使奥拉夫加冕为瑞典国王。1387年奥拉夫之死使计划搁浅，玛格丽特作为挪威和丹麦的无冕之王的地位也受到了威胁。然而，玛格丽特利用巧妙的外交手段保住甚至巩固了自己的地位，她的侄子波美拉尼亚的埃里克（Erik of Pomerania）被选为联合王国的继承人。

与此同时，梅克伦堡的阿尔伯特已经被许多贵族疏远，正面临着叛乱。玛格丽特抓住瑞典权臣大鳄博·琼森·格里普（Bo Jonsson Grip）遗嘱纠纷的机会，插手这场纷争，被瑞典贵族热情地迎奉为合法的国君。梅克伦堡的阿尔伯特被投入狱中，直到他的最后一位支持者弃甲投戈。

玛格丽特实现了斯堪的纳维亚岛多国国君的愿望：她统一了丹麦、挪威和瑞典。1389年，波美拉尼亚的埃里克根据世袭的继承权当选为挪威国王，1396年被选为丹麦和瑞典国王。他也由此控制了芬兰，那里曾是博·琼森·格里普的领土。

埃里克在瑞典的卡尔马（Kalmar）加冕，但玛格丽特在实际上（如果不是名义上的话）继续掌权。玛格丽特的独裁作风并非广受欢迎，但她成功削弱了贵族的权力，巩固了王权。她的一些举措（如没收教会的土地）本可能招致灾难，但由于她大权在握，几乎没人能真正提出异议。

1412年，玛格丽特在一次收复荷尔斯泰因（Holstein）的战役中去世。当时，她的继承人埃里克已经与英格兰亨利四世的女儿菲利帕（Philippa）结婚，统一的斯堪的纳维亚的前景似乎非常稳定。后来，挪威和丹麦之间的联盟持续存在到1814年。

卡斯蒂利亚的伊莎贝拉一世（1451—1504）

改革者，收复失地运动协同领导者

公元8世纪，倭马亚（Umayyad）王朝征服了伊比利亚半岛，其向欧洲的进一步扩张遭到了法兰克人的奋力抵抗。在随后多年的冲突中，半岛的部分地区被夺回，一些基督教国家建立起来，它们与邻近伊斯兰国家的冲突时断时续。

位于伊比利亚北部的卡斯蒂利亚王国最初是莱昂王国（Kingdom of Leon）的一

部分，经过一段时间的独立后，两国于 1230 年合并成卡斯蒂利亚王国。与此同时，相邻的阿拉贡王国（Kingdom of Aragon）本是纳瓦尔王国的一部分，后来独立发展成了一个强大的国家。

在随后的动荡岁月中，更广阔的伊比利亚半岛领土被基督教国家重新夺回，阿拉贡王国和卡斯蒂利亚王国都登上欧洲的政治舞台。就像其他任何王国一样，它们的命运喜忧参半，伊莎贝拉的父亲胡安二世（John II）登基时只有几个月大。1419 年摄政期结束，胡安二世开始独立统治时，他的地位非常薄弱。邻国阿拉贡国王斐迪南（Ferdinand）儿子们的阴谋诡计是他面临的众多麻烦之一，斐迪南曾在胡安早期统治期间担任摄政王。

在这段时期，胡安主要的支持者是阿尔瓦罗·德·卢纳（Alvaro de Luna），他是卡斯蒂利亚王国的总管和国王的宠臣。卢纳本身没什么家产，他从与胡安的关系中获益匪浅，但他的确支持胡安度过了一段非常困难的时期。胡安二世第一

卡斯蒂利亚的胡安二世在襁褓之中登上了王位，他后来的统治步履艰难，留下了一个赤贫如洗的王国给他的女儿——伊莎贝拉。

次结婚的对象是阿拉贡的玛丽亚（Maria of Aragon），他们育有四个孩子，但只有一个活到了成年，即将来的卡斯蒂利亚国王恩里克四世（Henry IV of Castile）。1447年，胡安与葡萄牙的伊莎贝拉（Isabella of Portugal）结婚，阿尔瓦罗·德·卢纳迅速失宠，并于1453年被处决。

胡安二世于1454年去世，当时他与葡萄牙的伊莎贝拉已有两个孩子，不过第二个孩子阿方索（Alphonso）在十几岁时就去世了。恩里克四世继承了卡斯蒂利亚的王位，但他依然权微势弱，无力改善自己的处境。他希望与葡萄牙结盟，在第一次婚姻宣布无效后与葡萄牙的乔安娜（Joanna of Portugal）结婚。这次婚姻生下了女儿乔安（Joan），而且她将成为恩里克的继承人，但卡斯蒂利亚的贵族更喜欢胡安二世第二次婚姻所生的儿子阿方索。

双方针锋相对地过了一段时间，其间恩里克四世被废黜，他同父异母的弟弟阿方索加冕，内战爆发，但没有为此事画上一个句号。阿方索死后，贵族们转而支持伊莎贝拉作为王位候选人。伊莎贝拉如同囚犯一般度过了她的幼年时光，在10岁时才被召回宫中。她此前的生活一直面临着各种不测，但她并不打算领导叛乱。她表示自己支持恩里克四世，但是她也确实质疑过恩里克的女儿乔安身份的合

虽然斐迪南和伊莎贝拉各自拥有自己的王国，但在史书中他们作为搭档共同统治了两个王国。这完全合乎情理，他们为西班牙的统一创造了条件。

法性。恩里克四世指定伊莎贝拉为继承人，完全违背了自己妻子的意愿。

伊莎贝拉从小到大都一直被当作政治权术的一枚棋子，恩里克四世屡次试图安排她与不同的王室家族联姻。

1469 年，伊莎贝拉未经恩里克四世同意，与阿拉贡的斐迪南结婚。婚礼是秘密举行的，恩里克四世得知这一消息后，重新宣布女儿乔安为自己的继承人。因此，恩里克四世于 1474 年去世时，他的妻子葡萄牙的乔安娜尝试将女儿推上王位。

一场内战由此爆发，伊莎贝拉得到了阿拉贡以及大部分卡斯蒂利亚贵族的支持。她的一方取得了胜利，但她和丈夫斐迪南需要付出漫长的努力来休养生息。斐迪南是阿拉贡的国王，伊莎贝拉是卡斯蒂利亚的女王，他们合作统治着两个王国，西班牙的统一由此开始。

1480 年恢复和平之后，斐迪南和伊莎贝拉实行了宗教裁判所的制度。这一制度旨在根除所有形式的宗教异端，其中包括违背天

伊莎贝拉在幼年的大部分时间里过着监禁一般的生活，很少收到兄长恩里克承诺提供的资助。

宗教裁判所的主要任务是揭发假意皈依基督教的行为。其他形式的宗教异端也会被惩罚。

主教会主流教义的异端，也包括任何假意皈依但实际上继续信奉旧信仰的异教徒。宗教裁判所没有令人们普遍接受，一些城市因这一制度的施行而出现了叛乱。

　　1492年是欧洲历史上（也是世界历史上）重要的一年，这一年克里斯托弗·哥伦布（Christopher Columbus）的探险队出发了。此前王室一直拒绝资助探险队，但这

在收复伊比利亚的同一年，卡斯蒂利亚的伊莎贝拉同意资助克里斯托弗·哥伦布的西行探险，从新世界带回来的黄金将开创一个西班牙占据优势地位的新时代。

一次斐迪南和伊莎贝拉同意了。伊莎贝拉主张相对温和地对待哥伦布发现的原住民，并否决了奴役原住民的提议。然而，随哥伦布西行的征服者们并不认可她的看法。

1492 年，西班牙的最后一个伊斯兰国家投降，伊比利亚半岛被重新收复，国家颁布了驱逐令，命令所有犹太教信徒离开西班牙。那些皈依天主教的人被允许留

下，但人们总是怀疑他们协助已经皈依的犹太人秘密地进行宗教活动，甚至引诱别人重新改信犹太教。

1502年的另一项法令要求所有穆斯林要么改变信仰，要么立即离开西班牙。然而，选择离开的人遭到刻意刁难，因此许多摩尔人被逼改变信仰。这些前穆斯林被称为莫里斯科人（Moriscos），他们与前犹太信徒一样，忍受着怀疑和迫害。

卡斯蒂利亚的伊莎贝拉于1504年去世，她建立了一个统一的西班牙，驱逐了异教徒。她的女儿凯瑟琳（Catherine）后来嫁给了英格兰国王亨利八世（Henry VI），并且生下了玛丽一世（Mary I）；她的孙子查尔斯（Charles）后来成了神圣罗马帝国的皇帝。在伊莎贝拉的一生中，卡斯蒂利亚从一个动荡的王国变成了强大的西班牙的一部分，在伟大的探索时代拉开序幕时，这个国家与葡萄牙一起瓜分了已知的世界。现代西班牙由此开启，未来几个世纪的大事件中的一位重要参与者由此诞生。

格拉纳达（Granada）的围困为伊比利亚半岛的收复画上了圆满的句点。投降的条件相对宽松，但协议的部分内容没有得到遵守，从而引发了叛乱，于是国家对该地区进行了强有力的军事管制。

第四章
赞助人和建设者

　　中世纪的许多统治者都乐于赞助艺术、学术或教育——这三者往往难分难解。同理，这个时代的许多宏伟建筑本质上也是宗教建筑。中世纪的人们会发自内心地关注自己灵魂的状态。只要负担得起，他们就愿意出资修建盛大壮观的建筑或修道院，这样，那里的宗教团体便会祈祷赞助人进入天堂。

底图：宏伟的宗教建筑给了统治者一处格调恰当的地点举行典礼。英格兰的伊莎贝拉与神圣罗马帝国皇帝腓特烈二世（Frederick II）的婚礼在沃尔姆斯大教堂（Worms Cathedral）举行。

修建大型建筑也是控制社会的一种手段。城堡固然是统治者权力的显著标志，但大教堂也能产生潜移默化的影响。它不但能提高统治者所信仰的宗教的威望，有望拔高信徒的热情或获得新的皈依者，而且能在当地居民心中留下刻骨铭心的印象，从而使他们更加听话顺从。对于某位住在简陋的木屋里的人来说，一座富丽堂皇的石造大教堂相当令人生畏，而能够建造这样的奇迹的统治者肯定是不可挑战的。

统治者可能只是出于个人兴趣兴建了一些工程，但如果他足够明智，便会懂得大学或其他研学场所多多益善。这种机构不仅名声响亮，还会吸引当时的贤人智士，统治者可从中招纳人才。在学问罕见的时代，大学为社会提供了一群知识分子。经济和社会效益虽然非常可观，但是并不总会立马彰显。

腓特烈二世，神圣罗马帝国皇帝（1194—1250）

学术与贸易的赞助者

1190 年，腓特烈·巴巴罗萨去世，他的儿子亨利六世成为神圣罗马帝国皇帝和德意志国王。虽然亨利六世企图实现王位世袭，但是并未成功。然而，他确实成功击败了狮子亨利（Henry the Lion），后者在被腓特烈·巴巴罗萨废黜之前曾是巴伐利亚和萨克森（Saxony）的公爵。

亨利六世在位时间不长，于 1197 年就去世了。他有名的事迹是通过婚姻成为西西里国王，并且曾俘虏过英格兰的理查一世。十字军东征期间，理查一世赶回国内阻止法国侵犯其欧陆领地，被奥地利的利奥波德五

世俘虏。

亨利六世留下幼子腓特烈，德意志诸侯接受他为国王。亨利六世死后，神圣罗马帝国岌岌可危。虽然诸侯承认腓特烈，但他们又选出了两个国王：布伦瑞克公爵奥托（Otto of Brunswick）和士瓦本公爵菲利普（Philip of Swabia）。菲利普在此间的权力斗争中胜出，但在 1208 年被杀，

亨利六世把英格兰国王理查一世的赎金用于与莱切的坦克雷德（Tancred of Lecce）的战争。坦克雷德试图夺取西西里王位，不愿让位给亨利的妻子康斯坦丝。

在布汶战役中，奥托四世率领由德意志、英格兰和佛兰芒军队组成的联盟对抗法国的腓力二世。奥托四世的战败为教皇废黜他提供了理由。

腓特烈二世在被教会除名后成功领导了十字军东征，这必然使教皇陷入困窘。

于是奥托成为无可争议的德意志与神圣罗马帝国皇帝。

　　腓特烈在西西里由母亲抚养长大，也是在这里加冕为国王。西西里当时非常动荡，直到 1209 年腓特烈与阿拉贡的康斯坦丝（Constance of Aragon）结婚时仍未稳定下来。在她的帮助下，腓特烈得以平定西西里，并收复了一些失地。他面临着神圣罗马帝国皇帝奥托的严重威胁，奥托似乎很可能入侵西西里。好在后来德意志诸侯不再支持奥托，他们废黜了奥托转而支持腓特烈。

1212年，腓特烈率军进入德意志，对战奥托。1214年，奥托在布汶战役中失败，后援所剩无几。次年，腓特烈已经控制了德意志的大部分地区。

1220 年，腓特烈加冕为神圣罗马帝国皇帝，他终于使西西里复归安全，还特别建造了防御工事。他投资港口和商船，并配备了战舰来保护商船。1224 年，那不勒斯大学建立，其毕业生为政府官员提供了来源，行政管理体系有了长足的改善。几年后，腓特烈颁布了王国治理的法律，制定了国家宪法。

1227 年，腓特烈被逐出教会，因为他没有遵守早先的承诺参加十字军东征。

事实上，他一直在为此行做准备，只是因为瘟疫爆发才推迟动身。1228 年，他动身东征，作为教会的除名之士，他成功控制了耶路撒冷和其他几座圣城。他的功劳没有得到赞赏，教皇反而进攻西西里。腓特烈返回西西里击败教皇，并通过谈判恢复了教籍。

腓特烈与教廷的冲突并未就此结束。1239 年，他再次被逐出教会。他和教皇及教会盟友的持续冲突，导致需要再次进行行政改革来确保资金充足。教皇将腓特烈视为世上所有公正的威胁，而腓特烈则在宣言中称自己为新的救世主。

1250 年，腓特烈去世后，关于他的传说开始流传。有人声称，他有一天会回来反击教会的腐败，重建神圣罗马帝国。腓特烈在那不勒斯留下了一份学术遗产，其中包含他自己的作品。他基于自己的经验写就了一篇关于猎鹰的论文，而他的法律体系和政策方针则源于自己如何治理国家的想法。

腓特烈二世的宫廷不仅是权力之地，也是学养之地。他赞助建立的那不勒斯大学吸引了大批学者，腓特烈也招纳了其中最贤良优秀的人才。

忏悔者爱德华继位时权微势弱，无力控制伯爵中势力最强大的戈德温（Godwine）。

忏悔者爱德华
（1003—1066）
出资修建威斯敏斯特大教堂

　　英格兰的盎格鲁－撒克逊国王资助修道院和宗教机构的历史由来已久。埃塞尔斯坦（Aethelstan）是在英格兰大致统一后的第一位国王，他曾收集圣物并与书籍和金钱一同赠予英格兰境内的修道院。

　　后来，盎格鲁－撒克逊国王的统治经常动荡不安。1013—1014年，英格兰受到丹麦人侵扰；1016—1042年，英格兰再次被丹麦人占领。

　　1016年，"决策无方者"埃塞尔雷德（Aethelred the Unready）被丹麦国王"八字胡"斯温（Swein Forkbeard）驱逐出英格兰，但斯温死后，埃塞尔雷德结束流亡回到祖国。斯温之子克努特（Cnut）再次从丹麦挥师入侵英格兰，而且战绩更佳。埃塞尔雷德体弱多病，他的王国也四分五裂。1016年他去世后，他的家人流亡到了诺曼底。

　　年轻的爱德华（后来的忏悔者爱德华）流亡在外直至1042年。那时，克努特已经去世，他的儿子

"飞毛腿"哈罗德（Harald Harefoot）继任。1040年，哈罗德也去世了，他同父异母的兄弟哈撒克努特（Harthacnut）登上了王位。哈撒克努特的母亲是诺曼底的艾玛，她在第一任丈夫埃塞尔雷德死后嫁给了克努特。因此，忏悔者爱德华是哈撒克努特同母异父的兄弟，他的母亲积极参与英格兰的政治。爱德华结束流亡生活，回到英格兰的宫廷，于1042年继承了哈撒克努特的王位，成为英格兰国王。

爱德华的早期统治显然太平无事，但是王室内部并非风平浪静。因为宫廷里一些偏袒徇私的行为，爱德华难以施展国王的权力。他的地位受到威塞克斯伯爵戈德温的威胁，后者把他当作一个傀儡。爱德华和戈德温的女儿伊迪丝（Edith）结了婚，在1051年终于把他驱逐出境。然而，权势极大的戈德温直接从流放地返回，要求复职。由于没有一个团结一致的王朝在背后支持，爱德华无力阻止这一切。

戈德温之子哈罗德（在1066年出战黑斯廷斯战役的哈罗德国王）在爱德华统治后期成了一位重要的将领，他平定叛乱，对战威尔士人。他还强烈反对诺曼底对盎格鲁－撒克逊宫廷日益明显的影响，违抗在诺曼底长大的爱德华。

爱德华无疑是一位虔诚的信徒，他没有继承人一事有时被描

这幅贝叶挂毯描绘的是1066年解决了英格兰王位之争的黑斯廷斯战役。

1066 年尚无明文规定的继承法则，权力、血缘关系或者现任君主的指令都是影响因素。

绘成了他不关心世俗事务的证据。这不太可能，但爱德华和伊迪丝确实没有子嗣。这也不太符合戈德温的计划，他肯定以为自己会成为英格兰下任国王的外祖父。

缺乏继承人一事使爱德华忧心忡忡，他设法找到了自己同父异母的兄弟爱德蒙·伊伦赛德（Edmund Ironside）的儿子。爱德蒙之子流亡者爱德华（Edward the Exile）来到英格兰不久后就去世了，王位依然后继无人。在当时，继承权存在争议时应该如何处理，还没有明文规定。血缘关系是影响因素之一，但继承者手握多大权力，以及他在多大程度上得到贵族和教会的认可也会有影响。即使不存在血缘关系，上一任国王指定继位也有效。

爱德华于 1066 年去世，引发了一场英格兰王位的争夺战，最终导致诺曼征服。哈罗德·葛温森立即上位，他首先击败了与英格兰的叛乱贵族结盟的挪威国王哈拉尔·哈德拉达，然后挥师迎接诺曼底的威廉公爵。他在黑斯廷斯战役中被杀，威廉公爵加冕为英格兰的威廉一世。

爱德华得名"忏悔者"，反映了他近乎圣人的地位。他没有像此前的殉教者爱德华（Edward the Martyr）那样殉难，而是在 1161 年被封为圣徒。他对英格兰宗教事业的最大贡献是建造了威斯敏斯特大教堂，并最终埋葬于此。

威斯敏斯特大教堂成为英格兰君主的传统加冕地，如同法国的兰斯大教堂。哈罗德·葛温森有可能在威斯敏斯特大教堂进行了加冕，威廉一世（征服者威廉）也是如此。英格兰王室的其他宗教活动，比如婚礼和葬礼，传统上也是在威斯敏斯特大教堂进行的。

威斯敏斯特大教堂是英格兰第一座诺曼式的宏伟宗教建筑。作为英格兰的最后一位盎格鲁－撒克逊国王和第一位诺曼人国王的殡葬之地，威斯敏斯特大教堂的建造标志着英格兰历史进入一个新阶段。

威斯敏斯特大厅与威斯敏斯特大教堂

威斯敏斯特大厅，是现今伦敦议会大厦的一部分，最初由征服者威廉之子——威廉·鲁弗斯修建。在当时，这是英格兰最大的大厅，但是据说威廉·鲁弗斯仍不满它的规格。这座大厅在大型场合才会派上用场，王室成员通常在附近一个较小的房间里用膳。

到了 13 世纪，王室到全国各地巡游的做法已经不再流行，威斯敏斯特大厅成为国王用餐的固定场所。在往后的世世代代里，这座大理石建筑是王室权力的一个重要象征。1385 年，国王理查二世委托制作了一组英格兰君主的雕像（始于忏悔者爱德华），放置在大殿的凹槽中。1399 年，理查二世在此地被废黜，亨利四世夺取了王位。

威斯敏斯特大教堂被后世的君主重新改建。亨利三世将大教堂改为哥特式风格，既是为了埋葬于此，也是为了纪念忏悔者爱德华。大教堂现今的模样正是亨利三世改建的结果。

威斯敏斯特大教堂最初由忏悔者爱德华构思，他旨在以新罗马式风格重建当时的圣彼得教堂（St Peter's Abbey）。

诺曼人血液中炽盛的蛮力引领着冒险家到地中海和意大利开天辟地。

西西里的罗杰二世（1095—1154）

见多识广的国王，赞助学术、文化和贸易

中世纪早期，诺斯文化和法兰克文化在诺曼底的融合使当地产生了欧洲最英勇的战士。这里的雇佣兵受到许多国家的青睐，他们四处远征，在远离故土的地方建立起诺曼人的王国，其中最出名的是西西里王国。

11世纪中期，诺曼探险家在意大利非常活跃。威廉·欧特维尔（William de Hauteville）以及欧特维尔家族的其他成员在意大利南部的卡拉布里亚（Calabria）对战拜占庭，1042年，威廉·欧特维尔成为阿普利亚伯爵（Count of Apulia）。1047年，威廉同父异母的弟弟罗伯特·吉斯卡尔（Robert Guiscard）抵达南方，最终获得阿普利亚。1057年，吉斯卡尔的另一位兄弟，未来的西西里国王罗杰一世（Roger I of Sicily）也来投奔他的兄长，他们一起全面控制了西西里。

1061年，兄弟俩开始了对西西里的征服；1072年，巴勒莫（Palermo）落入囊中。几个世纪以来，由于西西里的战略地位，这里一直是地中海周边地区的海上贸易中心，占领巴勒莫无疑是一份丰厚的大奖。作为罗伯特·吉斯卡尔的封臣，罗杰获得了西西里和卡拉布里亚的控制权。罗伯特死后，罗杰一世开始独立。1098年，他被承认为西西里教会的领袖。

1101年，罗杰一世去世。他的三次婚姻都留下了子嗣，但第三任妻子所生的长子西蒙（Simon）继承了王位。1105年西蒙去世，九岁的罗杰二世（Roger II）成了王位继承人，其母亲担任摄政王。1112年，罗杰二世开始独立掌权，定都巴勒莫。

罗杰一世是一个彻头彻尾的诺曼人，但罗杰二世与他的父亲截然不同。年轻的罗杰二世在西西里和意大利南部的多元文化里长大，受到希腊和伊斯兰文化的影响。他的父亲是位热爱冒险的起起武夫，而罗杰二世首先是一位外交领域的行家。比起直来直去的诺

曼风格，他运用外交手段似乎更得心应手。罗伯特·吉斯卡尔的子孙在大陆上的麻烦接二连三，罗杰二世懂得不动声色地加以利用。他帮援这些亲戚，时不时以他们的名义处理一些危机；作为回报，他逐渐获得了一些土地。到 1122 年，他已经统治了卡拉布里亚和西西里。

1127 年，罗杰继承了阿普利亚公国，但过程并非一帆风顺，尤其是因为教皇不愿看到意大利南部出现一个强大而统一的诺曼王国。罗杰凭借自身强大的实力极力协商，教皇霍诺里乌斯二世（Honorius II）最终无力阻拦，罗杰加封为阿普利亚、卡拉布里亚和西西里公爵。霍诺里乌斯二世去世后，两位教皇当选，教会分裂。为使西西里国王的身份得到认可，罗杰二世支持对立教皇阿纳克莱图斯二世（Anacletus II）。1130 年，罗杰二世加冕。

西西里的罗杰一世是一位性格直截了当的诺曼勇士。他为王国奠定了基础，而他的儿子罗杰二世出色的外交才干确保了西西里的繁荣。

教会的分裂挑起了战争，甚至在阿纳克莱图斯死后，罗杰还与阿纳克莱图斯的对手英诺森二世（Innocent II）对峙。这位教皇被俘后，罗杰强迫他承认了自己的地位。之后，罗杰又着手平定意大利的大陆领地。作为一位诺曼人，他将自己特有的无穷精力投入到许多工作中，包括亲自监督财政事务。他发挥了西西里多元文化的

教皇英诺森二世与罗杰二世针锋相对，殊不知这场游戏已经由对手掌权。最终，英诺森二世在那不勒斯西北部被罗杰俘虏。

优势——希腊人对海战和贸易的喜爱，阿拉伯人的智识和金融才干，以及诺曼人过人的精力。他的王国由专门的行政部门管理，办公方式只重实效，不拘泥于传统。

罗杰的宫廷吸引了各国的学者，成了一个伊斯兰、希腊和西欧思想交流互益的场所。在十字军东征四处挑拨仇恨、制造分裂的时代，这一点尤其不同寻常。值得注意的一点是，西西里王国没有参加第二次十字军东征。

罗杰二世出资建造了许多瑰丽的建筑，其中的一些展示了多种多样的文化灵感。他非常关注财政事务，为刺激长途贸易而精简了货币。他用强大的海军保护商船，也从事有利可图的海上探险——这一特点也许是从诺斯祖先那里继承来的。

西西里的船只来到希腊和突尼斯，到处搜刮劫掠，间或吞并领土。在这些地方，罗杰的水手们得益于宫廷学者出色的地图制作技术，也充分利用了地中海各地学者带来的丰富学识。

1154年，罗杰二世去世，他的王国滋养了独特的诺曼、阿拉伯、拜占庭融合一体的文化，也是一个研习和学术的极佳场所。虽然只活了58岁，但拜充沛的精力和不竭的动力所赐，他取得了很多成就。有人说，罗杰二世在睡梦里完成的工作比别人一整天完成的还要多。

西西里王国是诺曼文化和地中海文化的结合体，这一点在学术和实际应用中都得到了体现。

罗杰二世把欧洲最佳的地图绘制师请到了自己的宫廷。他把这些人的手艺和希腊人的航海天赋充分结合，助兴海上贸易，也对海战大有裨益。

霍诺里乌斯二世与教会分裂

教皇卡利克斯图斯二世（Calixtus II）于1124年去世后，教会发生了分裂。在一次充满争议的选举中，两位教皇产生，他们都得到了教会中一个派别的支持。霍诺里乌斯二世被宣布为合法教皇，而他的对手塞莱斯廷二世（Celestine II）则被认为是对立教皇。霍诺里乌斯二世带头反对西西里的罗杰二世，试图瓦解在意大利南部新兴起来的这个强大的诺曼国家。被击败后，霍诺里乌斯二世承认了罗杰的地位，接受了新的阿普利亚公爵罗杰二世的宣誓效忠。

1138年，霍诺里乌斯二世去世，教会的分裂再次产生了两位教皇。阿纳克莱图斯二世得到了大多数红衣主教的支持，也拥有更强大的军事力量。他的对手英诺森二世则迁往法国。通过施加政治压力和采用军事手段，英诺森二世最终使自己成为合法教皇，而阿纳克莱图斯二世成了对立教皇。至今，学者仍对这一结果有所争论。

HONORIVS · II· PAPA, B·ONONIÆ.

西西里的罗杰二世试图吞并堂兄阿普利亚的威廉（William of Apulia）曾承诺给予教皇的领土，这令霍诺里乌斯二世心怀不满。

匈牙利的贝拉四世（1206—1270）

缔造了强大稳定的匈牙利

君主和贵族之间的权力天平在整个中世纪不断地摇摆。总体而言，大致趋势朝着权力更加均衡的方向发展，因此在中世纪后期，国家内部的政治更加复杂。然而，这一特点并非普世共有或恒常不变，贯穿整个中世纪，地方性的和短期内的权力变迁也时有发生。

匈牙利的安德烈二世（Andrew II of Hungary）统治时期，国王的地位相对贵族而言比较薄弱。贵族各怀鬼胎，安德烈的地位并没有因为教皇要求他领导十字军东征而有所提高。他的父亲贝拉三世（Bela III）在任期间已经同意了东征，现在责任落在了安德烈二世肩上。为了筹资东征，必须变卖王室的资产和厚禄，还要用更多的钱买通道路，搭帮接应。

参加完第五次十字军东征后，安德烈二世在 1218 年回到了贫穷混乱的匈牙利。1222 年，贵族逼他颁布《黄金诏书》（Golden Bull），这一诏书被比作英格兰的《大宪章》。诏书规定了贵族的权利、特权，限制了王权。条款之一便是贵族有权接受公正的审判，国王不能随心所欲地监禁他们，也不能要求贵族无偿提供军事支持。这些条款有以下声明作为支持：贵族和神职人员如果因国王不遵守诏书而起身反抗，则不能被视为叛国。

在贵族的压力之下，安德烈之子贝拉于 1214 年加冕，这违背了他父亲的意愿。1235 年，贝拉四世（Bela IV）正式继承了匈

匈牙利的安德烈二世颁布了《黄金诏书》，这一诏书的地位和内容类似于英格兰的《大宪章》。

牙利王国，当时举国上下民生凋敝。他的首要任务是夺回父亲失去的土地和特权。此举非常冒险，因为当时王室权力衰微，在1241年还受到蒙古入侵的威胁，这样做非常容易引起贵族的不满。

　　深入匈牙利腹地后，蒙古人向后撤退，诱导匈牙利军队追至萨约河（River Sajó），在此集中兵力发起进攻。贝拉四世虽然最初占据上风，但最终一败涂地。匈牙利的损失极为惨重，已经溃不成军，无法再抵御蒙古人。佩斯（Pest）陷落，贝拉被迫逃往奥地利。他在奥地利被俘，被逼用黄金和领土支付巨额赎金。

　　贝拉四世试图争取其他欧洲国家和教皇的支持，但几乎一无所获。他总算集结了一支日耳曼军队，但还没来得及行动，蒙古军队就开始向东撤退。个中原因尚不明确，也许有多种因素夹杂。大可汗窝阔台当时刚刚去世，蒙古的头领需要亲临继位者的选举。但也有证据表明，蒙古军队撤退时，窝阔台去世的消息并未抵达匈牙利。

　　蒙古军队当时也捉襟见肘，在别处面临着变乱。他们在战略和战术层面上有极强的机动性，可以非常爽快地放弃一个地盘，等待形势发生变化后再度归来。集中力量处理其他矛盾，在时机成熟之际重新进军欧洲，对蒙古人而言是一个合理且稳当的策略。

　　不管原因为何，蒙古人撤退后，匈牙利在一地鸡毛中东山再起。此前被奥地利占领的省份发生民变，贝拉四世趁机收复失地。蒙古人再次入侵的威胁现在成了举国同心的理由。外寇首次进犯之前，他们的危险被严重低估，匈牙利毫无准备，只能束手就

蒙古人首次入侵时，贝拉四世幸运地保住了自己的王国，同时他也下定决心让敌人再度来袭时遭遇顽强的抵抗。

擒。恶果显而易见，从前反叛的贵族如今更愿意支持国王，因为国王正一心强化匈牙利的边防。

为了加强国防，贝拉四世颁布法令，从此允许贵族建造城防工事，这在以前是王室的特权。同样，贵族和高级教士被允许组建和维持私人武装力量。1247 年，佩斯的人口被转移到多瑙河对岸一个更适合防守的地方。布达（Buda）镇由此建立，周边建设起了防御工程，以抵抗敌人在未来的进攻。

不管是与邻国结成联盟还是动用干戈，都是匈牙利增强防范的手段。虽然并非屡战屡胜，但贝拉四世统治的匈牙利已成为一支强劲的力量，有足够的信心无视蒙古人对进贡的要求，也拒绝协助他们再次入侵欧洲。

1285 年蒙古人第二次入侵匈牙利，结果与第一次截然不同。有了防御工事的保护，蒙古人不再能轻而易举地征服和劫掠；而贝拉进行军事改革后，匈牙利已经有了一支能击败蒙古人的军队。佩斯被蒙古人占领焚毁，但这座城已经被匈牙利放弃；增防后的布达成为了对抗逼近的蒙古部队的据点。

贝拉四世没能活着看到这些。成功抵御了日益强大的波希米亚王国的威胁后，他在 1270 年去世了。1361 年，他建立的布达镇成为匈牙利的首都，最终与佩斯合并，形成了现代的布达佩斯市。

在贝拉四世的监督下，一座严防死守的城镇落成，蒙古人的再次入侵不可能再轻易获胜。

匈牙利军队在萨约河给了蒙古人的先头部队迎头一击，但未能守住桥梁，蒙古军队成功渡河。

封建社会

一般而言，封建社会的定义取决于社会顶层到底层的责任和义务。为了回报下层的服役和效忠，上层可以授予一定的土地和权利（如征税、为特定道路收费或养兵的权利）。从理论上讲，贵族保护民众、管辖民众、为民众解决争端（即确保民众生活稳定），以换取他们服从和纳税。在封建社会中，诸侯服役时间的长短是固定的，因此国王很难维持长期的军事行动。

"变态封建主义"（Bastard Feudalism）一词有时指传统的服役方式被经济手段形成的契约制度所取代的情况，或者更宽泛地指贵族已经强大到可以挑战国王权威的社会。以经济手段结成效忠关系，以此代替传统的兵役，可以使统治者在招兵买马时拥有更大的灵活性，但同时也有权力让渡的风险，因为君主只能不断与臣民讨价还价，而不能直接下达指令。

路易九世改革了法国的法律制度，废除了决斗审判，确立了无罪推定原则。

查理四世，神圣罗马帝国皇帝（1316—1378）

确立神圣罗马帝国皇帝的选举法

波希米亚的普舍美斯王朝（Premyslid dynasty）起源于 9 世纪，在经历一路风雨后权势不断增长，1085 年，公爵弗拉季斯拉夫二世（Vratislaus II）被任命为波希米亚国王。虽然王位在当时并不是世袭的，但在随后的几个世纪里，普舍美斯王朝在波希米亚的统治地位已经很稳固。

从 13 世纪末开始，银矿的发现极大地增加了波希米亚的财富。国王瓦茨拉夫二世（Wenceslaus II）也统治着波兰和匈牙利，不过波希米亚人很快丧失了对这些国家的控制权。瓦茨拉夫三世于 1305 年去世后，普舍美斯王朝落幕。去世之前，瓦茨拉夫三世原本计划进军波兰，重新夺回对失地的控制权，但却被不知名的凶徒杀害了。

匈牙利、波希米亚和波兰国王瓦茨拉夫三世使波兰的大片地区落入了瓦迪斯拉瓦夫一世（Wladyslaw the Elbow-High）手中。

瓦茨拉夫三世去世后，出现了一段时期的冲突，直到卢森堡伯爵约翰（John of Luxembourg）当选国王。约翰是神圣罗马帝国皇帝亨利七世之子。他与瓦茨拉夫二世的女儿波希米亚的伊丽莎白结婚，1316 年诞下皇子。这个儿子出生时取名瓦茨拉夫，但在成为神圣罗马帝国皇帝和匈牙利国王后改名为查理（Charles）。

小查理的成长过程很艰难。父亲约翰在波希米亚不受待见，而且与妻子伊丽莎白不和。1323 年，

　　小查理被送到法王查理四世的宫廷。法王查理四世死后无嗣，由腓力四世继承王位，但英格兰的爱德华三世也对王位虎视眈眈，百年战争便起源于此。

　　1329 年，查理与腓力同父异母的妹妹布兰卡结婚，布兰卡在查理统治的头几年一直是王后，直到 1348 年去世。同时，查理为父亲波希米亚的约翰做事，处理外交、政务，间或担任元帅。在充满阴谋的波希米亚宫廷里，猜疑声此起彼伏，导致约翰不信任他的儿子，但同时又越来越依赖他的才能。约翰的视力不断下降，他几乎要完全依赖查理。

　　盲眼约翰年轻时曾帮助巴伐利亚的路易（Louis of Bavaria）当选神圣罗马帝国皇帝，即路易四世。然而，1337 年百年战争爆发时，路易和约翰发现他们各自归属两个敌对的阵营。路易站在英格兰的一边，而约翰与法国关系密切。路易与教皇克莱芒六世（Clement VI）不和，而约翰的儿子查理在当选教皇之前曾在法国接受过克莱芒的教导。约翰通过废黜路易巩固了教皇的支持。1346 年，查理当选罗马人的皇帝。

　　此后不久，查理和父亲约翰都参加了惨烈的克雷西战役。失明的约翰不幸被杀，但查理得以逃脱。后来，巴伐利亚的路易不承认自己被废黜，准备讨伐查理。1347 年路易去世后，又出现了一连串的领导人，查理最终通过外交手段平定了德意志。

　　1347 年，查理成为波希米亚国王，恢复世袭制，规定王位由男性长子继承，如果没有男性继承人，则由女性继承。当时查理没有男性后嗣，但和妻子布兰卡生有两个女儿。

查理四世是一个出色的外交家，他不仅确保了王国的稳定，还通过和平手段扩大了领土。

他与巴伐利亚的安妮（Anne of Bavaria）的第二次婚姻生下了一个短命的儿子，1353 年安妮去世后，他第三次结婚。他的第三任妻子安娜·冯·施韦德尼茨（Anna von Schweidnitz）为他生了两个孩子，在第三次生产时不幸离世。他们的女儿波希米亚的伊丽莎白嫁给了奥地利的阿尔布雷希特公爵（Duke Albert of Austria），儿子瓦茨拉夫继承父亲之位，成了"罗马人的皇帝"（德意志国王），直到 1400 年被废黜。1419 年瓦茨拉夫四世去世之前，他仍是巴伐利亚的国王。查理的第四任妻子波美拉尼亚的伊丽莎白（Elizabeth of Pomerania）是波兰卡齐米日大帝的孙女。他们生有六个孩子，其中四个活了下来。长女波希米亚的安妮（Anne of Bohemia）嫁给了英格兰的理查二世，第二子西吉斯蒙德后来成为神圣罗马帝国皇帝。

到 1355 年，查理已经头戴伦巴第的铁王冠，并且加冕成为神圣罗马帝国皇帝。除了保证波希米亚在欧洲政治中的重要地位，查理四世还赞助教育，建造了许多伟大的建筑。他创办了中欧的第一所大学，可与法兰西和意大利的大学媲美，还建造了城堡来保护自己的领地。然而，他最著名的成就是 1356 年颁布的《黄金诏书》。

《黄金诏书》规定了皇帝选举法。皇帝将由七位选帝侯选举产生，其中有四位世俗选帝侯，三位圣职选帝侯，他们都臣服于波希米亚国王。这为查理四世之子瓦茨拉夫当选为神圣罗马帝国皇帝铺平了道路，但过程也并非一帆风顺。查理四世于 1378 年去世，他的儿子瓦茨拉夫四世继承王位。

查理四世颁布的《黄金诏书》规定了神圣罗马帝国王位的继承规则。诏书明确规定了七位选帝侯的特权以及他们相对于波希米亚国王的地位。

罗马人的皇帝

德意志诸侯选举产生的国王将得到"罗马人的国王"（King of the Romans）这一头衔。"罗马人"一词在这个语境下可能会引起混淆，但在当时这个词意味着高贵和身份——伟大的罗马帝国的继承者，而不是罗马帝国或罗马的公民。传统上，"罗马人的国王"的加冕仪式在亚琛大教堂（Aachen Cathedral）举行。

最初，这一头衔用于选举出来但尚未加冕的神圣罗马帝国皇帝，但后来用于指代帝国皇位的继承人。神圣罗马帝国皇帝由教皇加冕，并且必须满足额外的条件，如必须宣誓保护教会。继位者准备妥当后，便前往意大利戴上伦巴第的铁王冠，最后在罗马加冕为神圣罗马帝国皇帝。有时，皇帝必须等待多年才能加冕，特别是当面临政治问题或军事事务亟须处理时。因此，一些神圣罗马帝国的皇帝在其加冕日的前几年就被选定。

勃艮第的好人菲利普（1396—1467）

资助骑士，坐拥欧洲最富丽的宫廷

勃艮第是日耳曼部落在欧洲民族大迁徙时期建立的一个王国。它后来作为一个公国并入了法兰克王国，但因为其公爵常常与法王敌对抗衡，勃艮第在法国事务中仍有影响力。

1361年，勃艮第的菲利普一世（Philip I of Burgundy）英年早逝，后继无人。关于他的死因说法不一，但结果是勃艮第成了法国王室的财产。1363年，法王约翰二世把勃艮第赐予小儿子腓力。1356年，腓力和父亲在普瓦捷战役中被俘，腓力得名"勇敢者"。他被囚禁了一段时间，赎回后被授予都兰（Touraine）公国，但为了成为勃艮第公爵，他放弃了都兰。

约翰二世去世后，勇敢者腓力成了摄政委员会的四大公爵之一。他与安茹、贝里（Berry）和波旁（Bourbon）公爵都是年轻的查理六世的叔叔，查理六世也就是法王约翰二世的赎金问题是英法之间多年争论的焦点。

约翰二世的继承人。腓力在这个时候或多或少统治了法兰西。查理终于独立掌权时，他面临着一个惨淡的局面。百年战争（虽然当时还不叫这个名字）仍在继续，不断消耗着国库。摄政委员会的成员把王室资金据为己用，甚至用来相互倾轧。民众对高额税收的不满也引发了骚乱。

起初，查理的统治非常成功，他本人也很受欢迎，被称为"受人爱戴的查理"（Charles the Beloved）。可惜好景不长，"疯子查理"（Charles the Mad）的绰号很快就落到了他的头上。从1392年开始，他常常癫狂发作，即便在神志清醒时也心烦意乱，根本无法理政。勇敢者腓力再次担任摄政王，并引发了与奥尔良公爵（Duke of Orleans）路易（Louis）的权力斗争。1404年腓力去世，当时路易的摄政之位才失而复得。

勇敢者腓力的儿子约翰继承了他的地位。1396年，在伤亡惨重的尼科波利斯东征中，约翰得名"无畏者"（the Fearless）。除了勃艮第公国以外，约翰还继承了父亲腓力在法兰西政治中的地位。他继续与奥尔良的路易争夺查理六世的控制权，到头来派人刺杀了路易。权力斗争并未就此落幕，除

国王约翰和儿子腓力在普瓦捷战役中成了英格兰的阶下囚。这场战争与克雷西战役、阿金库尔战役并称为百年战争的三大战役。

了内乱，法国还不得不对付英格兰国王亨利五世的入侵。

　　无畏者约翰是煽动英王亨利五世争夺法国王位的人之一。虽然约翰集结部队准备和亨利里应外合，但他没有赶上1415年的阿金库尔战役。此后，法国苦于政治内斗，而且被英格兰占据了大片领土。约翰控制了巴黎，但是没能阻拦王太子（未来的查理七世）逃跑。1419年，两人会面谈判，但约翰在第二场谈判中被暗杀。

　　后来，约翰的儿子"好人菲利普"继承了勃艮第公国。控制了查理六世后，菲利普在1420年与亨利五世签订了《特鲁瓦条约》。条约剥夺了法国王太子的继承权，规定查理六世死后法国王位将归亨利五世所有。王太子查理七世拒绝接受条约，继续为王冠而战。此间，圣女贞德（Joan of Arc）倾力相助，但是夺回王位后，查理七世就无暇顾及贞德了。贞德被勃艮第军队俘虏，被当作异教徒交给了英格兰。

　　菲利普与英格兰的结盟始终出于投机取巧的心态。1435年，他接受查理七世为法国国王，与英格兰断绝关系。1439年，菲利普再次改变了主意。利用别国为自己的谋虑服务实在冒险，但菲利普大体上成功了。他通过武力、外交或经济手段大大扩张了自己的领土。1443年，菲利普从波希米亚的伊丽莎白手中买下卢森堡。

作为一个机会主义者，菲利普打好了手中的牌，大大增加了勃艮第的财富和权力。

　　当时，波希米亚和匈牙利的神圣罗马帝国皇帝西吉斯蒙德无力偿还抵押贷款，伊丽莎白才得到了这片领土。

　　在低地国家获得领土后，菲利普自然成了佛兰芒艺术家的赞助人，其中就有著名画家扬·凡·艾克（Jan Van Eyck），他被菲利普派往葡萄牙，为伊莎贝拉（Isabella）

好人菲利普拒绝加入英格兰的嘉德骑士团（Order of the Garter），而是成立了自己的金羊毛骑士团（Order of the Golden Fleece），其成员不得加入其他骑士团。

画一幅精确的肖像。伊莎贝拉是葡萄牙国王约翰（King John of Portugal）的女儿，菲利普正在考虑与她结婚。菲利普的宫廷还拥有许多艺术家，他们根据需要被派往各地。

菲利普的宫廷极尽奢华，甚至比我们如今常见的中世纪华贵场面还要夸张。1454 年，为纪念十字军东征的决定，菲利普举行了野鸡盛宴（Feast of the Pheasant）。有关此次宴会的记载中提到，乐手们在一个巨大的馅饼模型内演奏，客人可以享受奢侈的娱乐。虽然这次十字军东征从未真正进行，但菲利普的出发点也许还是虔诚的。野鸡盛宴的名称出自节日上人们对活野鸡的宣誓，对着鸟类宣誓是当时法国骑士精神的特点。

菲利普也是骑士的赞助人，他举办的比武大会不仅是一种娱乐活动，也是一种治国的权术。他创立了金羊毛骑士团，其成员仅限于欧洲最著名的 24 名骑士。1467 年，菲利普去世，留下了一个领土大大扩张的勃艮第公国。他的国家既是欧洲政治的主角，也是一系列奢侈品的生产地。

在精心控制的外交条件下，无畏者约翰在蒙特罗桥（Bridge of Montereau）上与查理七世会面。查理七世的护卫可能一开始就做好了攻击约翰这一方的准备。

圣女贞德

贞德是一介平民，出生于1412年，当时法国的命运正处于低谷。查理六世的统治开了个好头，他结束了叔叔们在自己成年之前就开始的权力斗争，充分改革了经济，因此一度被称为"受人爱戴的查理"。不幸的是，遗传性的精神疾病发作后，他性情大变，被人叫作"疯子查理"。英格兰的亨利五世入侵法国后，双方在1420年签订了《特鲁瓦条约》。根据该条约，亨利五世及其继承人将在查理死后统治法国。

这意味着王太子（未来的查理七世）被剥夺了继承权，而且很难为夺回王位争取到足够的支持。圣女贞德声称得到神启，前往宫廷，给查理和教士留下了深刻的印象，被授予法国军队的指挥权。贞德从英格兰人手中夺回了兰斯，帮助查理七世加冕为王，但最终落入英格兰人手中，被当作异教徒和女巫烧死。后来，教皇为她洗雪罪名，封她为圣徒。

重获王位后，查理七世似乎对支持圣女贞德失去了兴趣。贞德后来被英格兰人抓走，当成异教徒烧死。

乱世中的教育赞助人

英国的亨利六世（1421—1471）生性善良且虔诚，即便他没有精神失常，这两个特点也足以使他不适合统治英格兰。身为一个软弱无能的国王，他也是导致玫瑰战争的因素之一。但是，作为教育和宗教的赞助人，亨利格外成功。

他创建了伊顿公学（Eton College），并委托建造了这里的小教堂，虽然后来因资金枯竭而不得不修改方案。他也在剑桥建立了国王学院（King's College），并下旨在这里建造一座小教堂。牛津大学的万灵学院（All Souls College）也是由亨利六世建立的。

亨利六世的妻子安茹的玛格丽特比丈夫要更加坚强，她曾是兰开斯特派的头领，在丈夫无力理政的时候，实质上是她统治了国家。除了热心资助教育，玛格丽特和亨利无甚相似。1448 年，安茹的玛格丽特在剑桥建立了王后学院（Queen's College）；她倒台后，英格兰国王爱德华四世的妻子伊丽莎白·伍德维尔重新建立了该学院。

安茹的玛格丽特是玫瑰战争的主要参与者之一，而她的丈夫亨利六世在大部分时间里只不过是一个观察者，甚至是受害者。

第五章
立法者

　　中世纪见证了强大的王国日渐崛起，而王国的管理需要明确的法律和习惯。在这个时代，绝大多数情况下，国王的旨意就等同于法律，但这样的习惯在某些地区也受到了挑战。

法律往往会以微妙的形式塑造一国的社会。君主之间继位和权力传递的规则至关重要——对现存习惯提出异议可能引发叛乱甚至内战，但盲目地遵循规则，把一位资质齐全但完全不适合统治的人选送上王位，也会导致同样的后果。同样，如

果面临特殊情况时没有规则可循（比如现任国王的所有近亲都已不在人世），可能也会使一个原本稳定的王国陷入混乱。

其他法律也有不那么直接但同样重要的影响。在某些地方，神职人员所受的保护甚至能够使其免受国王的法律制裁，圣地是他们的避难所。英格兰玫瑰战争结束时，为抓捕逃犯，人们闯入了圣地，法律自此发生变化——一个漏洞悄悄地出现了：背叛王室的人将不再受到庇护所的保护。这使教会和国王都不必卷入一场双方都不希望发生的冲突，而对未来被指控叛国的人却有影响。

欧洲的许多国王都以立法者的身份被铭记，或者是作为法律制定的原因而被铭记。法典一旦确立就成了一份重要的遗产，它可能会经历修改，但不会被完全丢弃。因此，在某些情况下，中世纪编写的惯例和法律至今仍然有效。

和许多中世纪的统治者一样，亨利二世在国内四处游历，走到哪里就在哪里建立朝廷。然而，进入宫廷的机会非常有限，许多请愿者等待了数日，依然被拒绝接见。

英格兰的约翰王（1166—1216）

受男爵强迫签署《大宪章》

约翰是英格兰的亨利二世最小的儿子，他出生时，英格兰在欧洲大陆的势力如日中天。据说，约翰是他父亲的宠儿，哥哥理查则受母亲阿基坦的埃莉诺偏爱。作为男孩，约翰登基的可能性微乎其微。他是埃莉诺和亨利所生的五个儿子中最小的一个，虽然长子威廉在三岁时夭折了，但其他几个儿子都活过了童年。

亨利二世的次子幼王亨利在父亲生前加冕，这一习俗可以追溯到法兰克国王统治的墨洛温王朝时期。亨利参加骑马比武比赛很受欢迎，但他显然不适合掌权。1173 年，他领导叛乱反对父亲，使母亲也受到牵连。阿基坦的埃莉诺被囚禁起来，但亨利回到了父亲的身边。好景不长，1183 年，幼王亨利又一次掀起叛乱，并在法国与父亲的军队交战时死于痢疾。

英格兰的理查一世更关心十字军东征，而非统治他的王国。虽然人们把他描绘成一个受人爱戴的国王，但和弟弟约翰比起来，他为了战争甚至自己的赎金征收了重税。

约翰王在国内非常不得民心，而且在欧陆的节节败退使他更加不受欢迎。尽管统治一塌糊涂，但至少他曾身体力行地治理过国家。

亨利二世的第四子乔弗里也参与了 1173—1174 年以及 1183 年的叛乱。和哥哥一样，乔弗里在第一次叛乱后与父亲和解，但仍然心怀不满。他通过劫掠修道院获得打仗的本钱，因此与教会结了仇。关于乔弗里之死的记载，有一些版本暗示是神的惩罚，其他版本的记载称他是在一场骑马比武中丧生的。无论如何，他死于 1186 年。

1189 年亨利二世去世时，他只剩两个儿子：约翰和理查。理查从监狱救出母亲，并在自己参与十字军东征时让她担任摄政王。在《罗宾汉传奇》里，约翰压迫英格兰人民，理查则是受欢迎的国王，回归时很受期待，但事实上，约翰此时并没有担任摄政王。理查一世在位期间可能只在英格兰待了六个月。其他时候，他不是在四处征战，就是在十字军东征途中，或者是被神圣罗马帝国皇帝所囚禁。

理查一世被囚禁在神圣罗马帝国时，约翰确实曾试图发动

虽然《罗宾汉传奇》(The Robin Hood Story) 一书把约翰描绘成理查统治期间的一位不受欢迎的摄政者，但当时在英格兰摄政的其实是阿基坦的埃莉诺。

政变，并在 1194 年国王终于被赎回时被流放了一段时间。理查曾指定他的侄子亚瑟为继承人，但 1196 年亚瑟被法王所俘，约翰成了指定继承人。

1199 年理查一世去世，英法战争几乎眨眼间就爆发了。这主要是由于约翰干涉了法国政治，并且娶昂古莱姆的伊莎贝拉（Isabella of Angoulême）为自己的第二任妻子，不顾她与休·吕西尼昂（Hugh de Lusignan）的婚约。最终，约翰被传唤到法国向腓力二世表示敬意。作为在法兰西持有财产的贵族，约翰即使身为英格兰国王，也必须服从于法王。但他拒绝了这一要求，这就使腓力二世有了再次把英格兰人驱逐出境的托辞。在这件事上，腓力二世非常成功。

英法之间战火连年，约翰征敛无度，越来越不得民心。选举新任坎特伯雷大主教时，他与教皇发生争执，被逐出教会。此后约翰曾一度从教会的财产中榨取钱财，但他最终被迫与教皇和解。1213 年，因为约翰试图否决其候选资格，大主教

由于糟糕的外交政策，约翰的统治不断地走下坡路。战争需要征收更多的税，但战争的失败却没有激发人们的忠君爱国之情。

亨利三世是约翰王的儿子和继承人，他不像其他国王那样喜欢在国内四处巡游，只在几处王室住所之间来去。

恢复了他的教籍。

与教皇讲和后，约翰集中精力处理与法王腓力二世的冲突。然而，撰写历史的教会人士却不那么宽宏大量，使约翰已经遭受怀疑的名声被无情的编年史家继续玷污。

约翰的男爵们也对他利用王室特权为毫无结果的法国战争筹集资金的行径越来越感到厌倦。1214 年，约翰的大陆盟友在布汶战役中失败，他的威望再度下降。1215 年，男爵们纷纷起兵反叛他。贵族们占领伦敦后，约翰同意谈判，最终签署《大宪章》。

《大宪章》中有一条极为重要的原则，即国王不再凌驾于法律之上。此外，宪章还对税收进行了限制，并规定国王必须经由法律许可方能实施监禁或其他惩罚。然而，约翰很快就试图反悔，声称自己是受胁迫才签署了《大宪章》，因此它是无效的。

于是，教皇宣布《大宪章》不合法且不公正，并把强迫国王签署《大宪章》的男爵逐出了教会。双方公开对峙，其间，男爵们邀请腓力二世之子路易来到英格兰，拥护他为国王。1216 年，约翰去世，他九岁的儿子继承王位，史称亨利三世。次年，路易八世失去了支持，英格兰又控制了海峡，使法国无法派来援军，男爵战争结束。《大宪章》的修改版被纳入了男爵战争结束后签订的和约。

英格兰的爱德华一世（1239—1307）

改革法律和议会

1216 年，英格兰的约翰王去世，他年幼的儿子亨利三世继位。尽管约翰与贵族之间的战争已经告终，但亨利三世仍要处理善后事宜。这包括《大宪章》的最初版和修改版，修改版被写进了和平协议。只要支持《大宪章》，就可以跟男爵们讨价还价，要他们做出让步，包括同意亨利急需的增加税收的权利。

亨利是一个不受欢迎的国王，由于无力夺回被法兰西占领的土地，他更加不得人心。1232 年入侵法兰西失败后，亨利面临一

为确保威尔士的长治久安，爱德华一世在那里推行了新的法律。

次叛乱。十年后他再次入侵法兰西，又再度失败。1258 年，男爵们再次叛乱。他们成功逼迫亨利签订《牛津条例》（ *Provisions of Oxford* ）。

虽然亨利放弃了其他要求以换取加斯科尼的安全，与法国签订了和平协议，

但他的统治仍不稳定。1263年，第二次男爵战争爆发，亨利的敌人由西蒙·孟福尔（Simon de Montfort）领导。亨利落入了敌人手中，但他的儿子未来的爱德华一世从男爵们的手中逃脱，并且击败了西蒙·孟福尔。

《大宪章》

《自由大宪章》（通常称为《大宪章》）限制了英国国王的权力。在此之前，国王可以随心所欲地监禁任何人，无所顾忌地征税。《大宪章》起源于1100年亨利一世加冕时颁布的《自由宪章》（*Charter of Liberties*）。

英格兰在法兰西的领土经历惨重损失后，约翰王与男爵们发生了冲突，而且没有人支持他。他本想努力赢得教皇的帮助，发誓要参加十字军东征，但因为男爵们公开叛乱，约翰只能答应谈判。结果，1215年，约翰在兰尼米德（Runnymede）签署了第一版《大宪章》。

自1217年第一次男爵战争结束时开始，《大宪章》的后期版本也得到了其他君主的承认。1225年，为了使男爵们同意征收新税，亨利再次颁布《大宪章》，这是写入英格兰法律的最终版本。1297年，爱德华一世承认《大宪章》为成文法。

《大宪章》主要保护的是男爵的权利，但也包括保护平民免受不公正待遇的条款。《大宪章》被庄严地载入英国的法律，后来逐渐被新的法律替代，其启发了其他国家建立保护个人权利免受暴君侵害的法律体系。

《大宪章》对王权施加了法律限制。在此之前，王权唯一的限制取决于贵族在诉诸武力前能够容忍到什么程度。

爱德华一世作为一位勇猛的国王被人们铭记，但他的征战需要行政改革来确保足够的资金。

爱德华参加了第八次十字军东征，但父亲去世时，他回到祖国继承了王位。他统治期间，英格兰与苏格兰持续交战，但他上任后遇到的头个对手是威尔士人。1277 年，爱德华一世入侵威尔士，刺激威尔士建造城堡以确保领土安全。在威尔士平定下来之前，于 1282 年发动的第二次入侵非常必要。爱德华建立了管理威尔士的行政和法律机构，并开始将英格兰人迁入威尔士，建立起新的城镇。他的儿子，未来的爱德华二世就出生在威尔士，并被赋予了一个适当的头衔；从那时起，英格兰王储一直被赋予威尔士亲王的头衔。

1292 年，苏格兰王位继承的纷争将约翰·巴里奥推上王位。巴里奥是爱德华青睐的人选，但他总忍不住要插手苏格兰的政事。爱德华要求苏格兰出动骑兵支援自己对阵法国，还提出了其他一些过分的要求，导致英格兰和苏格兰开战。按照当时的标准，攻城略地就是战争的一部分，但即便如此，爱德华打仗也过分野蛮了。1296 年，他在邓巴打得苏格兰人溃不成军。

爱德华以为已经击溃了苏格兰人，但不到一年冲突再次爆发，威廉·华莱士成了他们的头头。1297 年，英军在斯特林桥战败，但在次年福尔柯克一役一雪前耻。华莱士被俘且遭到处决后，苏格兰人仍旧不服。爱德华一世死后，战争在罗伯特·布鲁斯的领导下继续进行。

爱德华一世对国内的犹太人非常残酷，他对他们施加重税，还试图迫使他们皈依基督教。

爱德华对亚瑟王的传说非常感兴趣，在统治期间举行了圆桌宴会，并在被认为与亚瑟王有关的地点建造了城堡。

1290 年，他颁布了驱逐令，要求所有犹太人离开英国。自然，这使王室可以从吞并财产和未偿贷款中获益。他还对教会财产征收重税，为防范爱德华对教会的强暴索取，教皇颁布了禁止神职人员缴纳世俗税的诏书，但随后又允许在某些特殊情况下缴税。

除了在威尔士实行新的行政制度，爱德华一世还改革了法律，并于 1297 年重新颁布了《大宪章》。与亨利三世一样，爱德华此举是为了使贵族同意他增加税收。他统治时期需要无尽的钱财来支持战争，这意味着他不得不更频繁地召开议会。

爱德华一世铸造了比以往更加优质的硬币，以打击当时的剪币行为，提高人民对英国货币的信心。

爱德华一世对议会的运行方式做出了重要的改变。他使平民参与到议会中，更重要的是，他授予他们参与决策的权力。平民可以参与政事，而不只是知道议会做出了什么决定。

1307 年，爱德华一世去世，他的儿子爱德华二世继位。爱德华一世意志坚定、脾气火暴，在必要时甚至杀人不眨眼，但爱德华二世易被宠臣左右。他继位后，英格兰与苏格兰的冲突持续。1314 年，爱德华二世在班诺克本一败涂地。

波兰的卡齐米日三世（卡齐米日大帝，1310—1370）

外交家、谈判家、法律改革家

匈人的入侵使得欧洲的一些地区人烟稀少，现今波兰的所在地尤其如此。5 世纪起，斯拉夫民族开始向这些地区迁徙。尽管有匈人、阿瓦尔人和其他游牧民族的入侵，斯拉夫民族依然蓬勃发展，建立起了城镇，且这些城镇逐渐成为权力中心。10 世纪末，他们建立起了一个统一的国家，但很快便四分五裂了。

卡齐米日三世是一位现实主义者，他愿意放弃那些无法控制的领土，以换取现有领土的安全。

　　瓦迪斯瓦夫一世上任时，波兰分裂成众多小国。1296年，他被选举为波兰大公，但随后又因巴伐利亚的瓦茨拉夫二世上位而被罢黜。瓦迪斯瓦夫一世在教皇的支持和匈牙利的援助下，先征服了小波兰，随后攻下了大波兰。他把王国的疆域扩张至波美拉尼亚，但这片领地在1308年失于条顿骑士之手。尽管如此，瓦迪斯瓦夫一世在1320年统一波兰，加冕为王。

　　1333年，瓦迪斯瓦夫一世逝世，其子卡齐米日继位。卡齐米日的统治立即受到邻国的威胁，他们不承认他是波兰的国王。虽然卡齐米日的妹妹伊丽莎白嫁给了匈牙利国王，而卡齐米日本人则娶了立陶宛大公的女儿，但波兰在政治上还是孤立无援。

卡齐米日三世行事小心但决心坚定，他通过谈判达成确保王国稳定安全的协议，并在时机成熟时诉诸武力。他既有能力为自己的王国开拓广大疆域，又懂得明智地利用自己难以控制的领土与波希米亚国王达成协议；作为回报，波希米亚国王放弃了对波兰的野心。成功接踵而来，一些小国为了避免被强行吞并的命运，同意成为波兰的属国。

卡齐米日虽然战绩辉煌，但他的身份首先是一位领袖。他对波兰军队的改革是胜利的原因之一，而他改进的行政体制也有助于稳定和繁荣。通过采用以首创城市命名的《马格德堡法》（Magdeburg Law），卡齐米日将自治权下放给城市，并

在当时不同寻常的是，卡齐米日三世的法律保护范围扩大到了穷人和犹太人。由于在其他地方会受到迫害，许多犹太人来到波兰，这对经济和教育水平有长久的好处。

卡齐米日大帝使波兰成为一个强大而稳定的国家，在欧洲的政局中举足轻重。

在能带来经济效益的地方建立新的城镇。他为大波兰和小波兰建立了统一的法律体系，但其他地区，如马索维亚（Masovia）则继续实行旧制度。

卡齐米日建立的法律体系不像中世纪常见的法律那样，只是为了保护上层阶级的特权。他决心让法律保护所有人，包括穷人和犹太人。显然，在犹太人被迫害成为一种常态的时候，卡齐米日对待犹太人的积极态度引人注目。大批犹太人因此来到波兰定居。

卡齐米日三世在克拉科夫（Krakow）建立了一座中央法院，除此之外，他还通过培养律师来鼓励法治。他为此设立了克拉科夫学院（Academy of Krakow），这里也培训机关工作人员和行政人员。卡齐米日遏制贵族势力和保护社会最贫困阶层的努力为他赢得了"农民之王"的称号，他也被更善意地称为"波兰的查士丁尼"（Polish Justinian），得名于伟大的拜占庭立法者查士丁尼一世（Justinian I）。

卡齐米日三世结过多次婚。他的第一任妻子阿尔多纳－奥娜是立陶宛大公的女儿。这场婚姻象征着波兰和立陶宛关系的极大改善，二人生下两个女儿。1339年，阿尔多纳－奥娜去世。1341年，卡齐米日与黑森的阿德尔海德（Adelhaid of Hesse）结婚，婚后无嗣。这段关系的结束颇有争议，因为卡齐米日在长期分居后再次结婚，但没有正式宣布与阿德尔海德解除了婚姻关系。卡齐米日的第三任妻子克里斯蒂娜·罗基扎娜（Christina Rokiczana）是一位富有的寡妇，她也没能为他生下继承人。

卡齐米日与克里斯蒂娜结婚时，阿德尔海德仍居住在波兰，显然她认为自己仍是国王的妻子。她在教皇的支持下提出抗议，但卡齐米日和克里斯蒂娜一起生活至1364年前后。次年，卡齐米日三世与扎根的海德薇（Hedwig of Zagan）结婚，海德薇为他生下三个孩子，但只有波兰的安妮（Anne of Poland）活到了成年。

据称，卡齐米日三世还与犹太情妇艾泽卡（Ezerka）生了两个儿子，但艾泽卡可能是后代的历史学家为了解释卡齐米日对待犹太人的态度而编造出来的人物。卡齐米日第一次婚姻后生的孩子的合法性遭到阿德尔海德的质疑，她还断言他后来的婚姻是重婚。通过说服教皇承认卡齐米日和海德薇孩子的合法性，这个问题最终得到解决。

1370年，卡齐米日大帝去世，留下的遗产有宫殿建筑、新城镇、宗教建筑以及与欧洲大王朝联姻的子女。虽然他去世后波兰失去了一些领土，但他依然在很大程度上提升了波兰的权力和威望。在他生命的最后几年，有人请他参与仲裁几位国王的争端，这在 30 年前似乎是不可能发生的。

法兰西的约翰二世（1319—1364）

法郎的缔造者

约翰二世，人称"好人约翰"（John the Good），是法王腓力六世（Philip VI）之子。腓力继承法国王位的合法性遭到英格兰爱德华三世的质疑，后者声称自己也有权继承法国王位。这一矛盾引发了百年战争。1346 年，腓力在克雷西战役中战败，法国贵族伤亡惨重，黑死病也很快传到了法国。

法兰西的约翰二世几乎没什么机会在历史上留下痕迹。由于普瓦捷战役的失败，他在位期间的大部分时间不是被囚禁在英格兰，就是忙于筹集资金来支付自己的赎金。

1350年，好人约翰在父亲去世后即位，继承了一个兵荒马乱的国家。当时土匪猖獗，举国上下都受到黑死病的威胁。同时，英法战争仍在继续。1355年，黑太子爱德华率军进入法国。这是一次骑行劫掠行动（chevauchée），是旨在蹂躏农村地区、造成经济损失的武装突袭，而不是为了占领和割据领土。

约翰的军队在普瓦捷附近拦截英格兰人，双方交战过后，约翰和儿子勇敢者腓力被俘。本来为了避免被俘，约翰在身边安排了一支穿着与自己相同装备的骑士组成的卫队。这个把戏并不成功，但使他的另一个儿子查理成功逃脱。

无论如何，约翰都英勇地血战到底了，但被敌军包围后还是只能被迫投降。投降后，他受到了极大的礼遇。囚禁在英格兰期间，约翰依然过着国王一样的生活，有着自己的宫廷。他被俘后，英格兰与身为摄政王的法国王太子查理进行了谈判。这并非易事，因为所有条约都必须得到约翰的同意，而各项提议经由约翰或查理同意后，又会被另一方拒绝。

约翰二世与英格兰签订了条约，除赔付巨额赎金外，还割让了大片领土。但王太子查理拒绝接受该条约，英格兰试图用武力逼其就范。武力手段没能成功，双方最终同意减少赔偿的赎金和割让的领土。

对举国动荡的法国而言，为约翰二世筹集赎金很成问题。摄政王查理试图贬值货币以增加供应量，但这种做法导致了巴黎的动乱，迫使王太子本人一度逃离首都。这是当时一场人民起义的一部分，因参与这场起义的农民将软垫"扎克"（Jacque）用作盔甲，这场起义被称为"扎克雷起义"（Jacquerie）。"扎克雷"一词与英国和欧洲大陆的类似起义有关。

因为法国处于一片混乱之中，约翰被释放回国，但是要用其他人质替代。约翰回国后，发誓会筹集自己的赎金。然而，其中一名人质——约翰的儿子路易王子逃脱后，约翰觉得自己有责任返回英格兰。有人认为他可能更愿意当一个王室囚徒，过受人尊敬的舒服日子，而不是在治理法国的泥潭中挣扎。1364 年，约翰在英格兰去世。法国继续分期支付他的赎金，但在此后的许多年里，是否应继续支付赎金仍是英法两国之间争论的焦点。

好人约翰接手了一个内忧外患的国家，外部有英格兰进攻，内部又面临着动荡骚乱。

　　法国为支付约翰的赎金实施了一系列措施，其中之一便是铸造金法郎。虽然铸造出足够的赎金是不可能的，但"法郎"一词开始在广义上与货币产生关联。虽然法国在 21 世纪初转用欧元，但仍有其他国家将其货币命名为法郎。

黑太子爱德华在 1346 年的克雷西战役中功成名立，但他最辉煌的时刻是十年后在普瓦捷俘获了法国国王。然而，爱德华从未登上过英格兰的王位。

骑行劫掠行动

这类中世纪战事以围攻坚固的堡垒或大规模劫掠为特征，目的是造成敌人的经济损失，证明其统治者无力保护自己的领土。这种战争模式被称为"骑行劫掠行动"（这个词强调了骑兵的流动性），具有极大的破坏性，甚至可以使一个国家崩溃。

中世纪的许多战役都始于骑行劫掠行动。这些行动有时可能是为了引出敌人、迫使其参战，也可能是因为劫掠部队被敌军拦截，切断了与本土的联系。在现代人看来，这样的冒险似乎是毫无目的甚至是毫无意义的破坏，但这是许多统治者用来实现长期战略效果的有效作战工具。事实上，劫掠造成的损失可能会削弱一个国家的实力或迫使其谈判，但一场激烈的战斗（尽管最终大获全胜）可能不会有这样的效果。用劫掠这种方式损害敌人，不会造成大型战役那样的伤亡，也没有围攻战中固有的疾病风险。

法兰西的查理五世（1338—1380）

经济和军事改革家

作为约翰二世的儿子和继承人，当父亲被拘禁在英格兰时，查理五世面临着治理法国的艰巨任务。在法国正遭受百年战争和黑死病蹂躏的背景下，他还必须为赎回国王筹集巨额赎金。

在与英格兰和纳瓦拉的战争中，法国还受到了人民起义和雇佣兵劫掠的困扰。英格兰雇用这些失业的雇佣兵到法国四处劫掠，他们回到英格兰后能获得赏赐。1346 年的克雷西战役已经大损法国君主的威望，普瓦捷战役的失败使这种情况雪上加霜。

查理不得不召开三级会议（Estates General）。这是由三个"等级"（法兰西的贵族、教士和市民阶层）的代表组成的会议。查理被迫和他们讨价还价，做出让步，承诺进行人民要求的改革。巴黎和周边的农村地区发生了太多的动乱，查理不得不离开

父亲被囚禁在英格兰时，查理五世作为摄政王治理法国。除了黑死病的肆虐，他还面临着国内严重的动乱和人民的不满。

当地去组建军队。

1359 年，两国试图通过《伦敦条约》（*Treaty of London*）来解决争端。虽然法国最初同意了这一条约，但后来又被三级会议否决了。这主要是因为条约将大片领土割让给英格兰，还将约翰的赎金定为 400 万金克朗，代表们认为这还是太多了。

1360 年，查理与英格兰达成了新的协议《布勒丁尼和约》（*Treaty of Bretigny*），割让了大片领土（虽然比原先要求的要少），并将约翰的赎金定为 300 万金克朗。该条约还规定了英法之间的领土交换，目的是使封建体制下的责任关系变得不那么复杂。事实证明，撰写这一和约的过程漫长而复杂，英方更喜欢更简单且有利可图

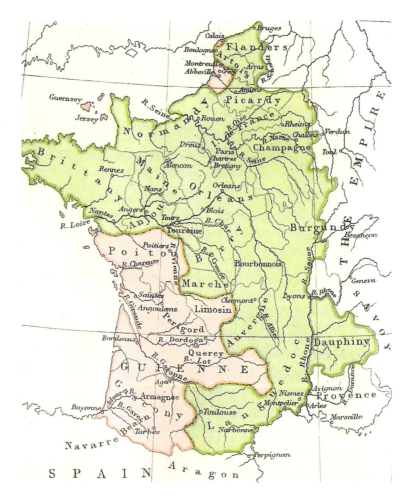

1360 年的《布勒丁尼和约》［正式生效时为《加来条约》（*Treaty of Calais*）］协调了英格兰和法兰西的领土，目的是减少未来发生冲突的可能性。地图上绿色部分为法兰西领土，红色部分为英格兰领土。

的 1359 年和约，所以这一过程并不轻松。

1360 年和约的一项条款声明，英格兰的爱德华三世将放弃法国王位。因此，和约缔结后出现了一段和平时期，但当约翰去世、查理在 1364 年登上法国王位时，赎金仍未支付。1369 年，英法战争再次爆发，约翰被俘后赎金的支付及由此产生的其他条约义务也是此次战争的原因之一。

查理在对英战争中的成功，部分得益于良好的战略，部分得益于部队的改组。税收方式的改变同样有利于法国提高发动战争的能力。在骑士统帅贝特朗·杜·盖克兰（Bertrand du Guesclin）的协三级会议驳回《伦敦条约》后，查理不得不和意见分歧的代表重新谈判。

助下，查理五世在对阵敌人时赢得一系列胜利，收复了失于英格兰和纳瓦拉之手的领土，一段新的稳定时期开始了。冲突仍在发生，但往往只是英法在继承权争端中支持不同的候选人，而非两个国家之间的直接战争。

1376 年，教皇格里高利十一世（Gregory XI）放弃了几十年的阿维尼翁教廷，回到了罗马。格里高利十一世两年后去世，由乌尔班六世接任，他很快就把红衣主教得罪了个遍，因此红衣主教决定换掉他。查理五世是教皇克莱芒七世的坚定支持者，而克莱芒七世是乌尔班六世仍在任时红衣主教们同意的人选。

克莱芒七世又在阿维尼翁建立起教廷，还得到了几个大国的支持，包括卡斯蒂利亚、阿拉贡和苏格兰。虽然后来克莱芒七世及其继任者被宣布为伪教皇，但在天主教会大分裂时期，查理的政治地位因控制了阿维尼翁教皇而有所提高。

查理五世于 1380 年去世，他恢复了人民对法国货币的信心，收复了因约翰被俘而失去的领土，并且平定了国家。查理因领导能力和对教育事业的资助而获得了"智者"的称号。他的成就之一是整修了卢浮宫，并在那里建立了一个大型图书馆。

路盗者

路盗者（Routiers）是由按分队或线路执行任务的雇佣兵组成的帮派。当报酬可靠又有精明的领导时，雇佣兵能够提供优质的服务。但他们在执行任务期间也会四处掠夺，因此声名狼藉。没有雇主需要他们时，他们经常到处打家劫舍、巧取豪夺。一场仗打完后，会有大量的雇佣兵在乡间游荡，他们可能会被当成战争结束后对敌人造成额外伤害的手段。

路盗者曾被英法两国以及神圣罗马帝国大批雇佣。作为雇佣兵，他们无须肩负什么封建义务，也不忠于哪个国家，只要价钱合适，他们往往愿意冒险站队。这是"雇佣兵"一词具有负面含义的原因之一。忠诚的缺席是一把双刃剑——雇佣兵很可能被雇主当作炮灰，当然也不能指望雇主能费尽心思地保障自己的福利。

法兰西的路易十一（1423—1483）

深谋远虑的外交官，法国文艺复兴的先驱

中世纪并非在各地戛然而止。一般认为，文艺复兴始于15世纪50年代的意大利，并以参差的速度逐渐蔓延到整个欧洲。虽然文艺复兴首先是一场文化运动，但它标志着当时盛行的思维方式发生改变，深刻的社会变革发生了。黑死病的肆虐也是促进这些变化的原因之一。这种疾病导致死伤无数，于是人们一天的劳动成了有价值的商品。因此，社会发生了变动，中世纪的封建制度逐渐演变为更加现代的管理方式。

法国的路易十一（Louis XI）出生时，正值文艺复兴开始。其时，他的父亲查理七世的统治摇摇欲坠，危机四伏。因此，路易是在远离宫廷的安全之地——洛什城堡（Loches Castle）里长大的。他受教育程度很高，接受过军事训练，却不像当时典型的高级贵族那样有着宫廷式的教养。事实上，他的父亲并不待见他，而当查理七世穿着骑马服参加路易的婚礼时，他对父亲的不满已经扎下了根。

路易十一统治法国时，正值文艺复兴运动席卷欧洲的大变革时期。随着旧秩序的消失，那些博洽多闻、步履谨慎的人从新契机中受益。

路易十一与
父亲查理七
世经常不和，
两人似乎都
不太关心如
何维持良好
关系。

路易篡夺王位失败后，父子两人在某种程度上和解了，路易成了父亲的主帅。主帅当起来非常顺当，但是他也意识到任何战事结束后都会有大量雇佣兵在法国四处游荡，为非作歹。由于一些尚未知晓的原因，路易被召回宫廷，随后被任命接管多菲内省（Dauphiné）。该省位于法国东南部，传统上属太子管辖。

路易把多菲内省当成了他的个人领地，赚足了钱财并且重组了地方行政机构。1441 年，他未经父亲允许就娶了萨瓦公爵（Duke of Savoy）的女儿。这件事产生的冲突几乎导致父子俩公开宣战，但路易在勃艮第寻得了庇护。

1461 年父亲去世后，路易继承了王位。也许是由于他不同寻常的成长经历，他抓住一切机会避免待在宫廷；他偏爱到全国各地旅行，而且比起国宴，他似乎更乐意接受农家的友好款待。尽管如此，他也费尽心机，深谋远虑，对法国境内外的事件了如指掌。

15 世纪的一份
手稿描绘了路
易十一抵达巴
黎的情景。由
于财政上的谨
慎，路易得名
"慎密者"（the
Prudent）；由
于他圆滑的外交
手段，他被称为
"狡猾者"（the
Cunning）；而
由于他复杂的心
计，他又被称
为"万能蜘蛛"
（the Universal
Spider）。

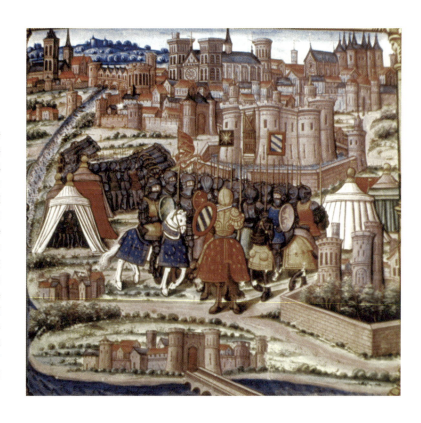

1465 年，路易击败了由弟弟贝里公爵（Duke of Berry）领导的叛乱，并以娴熟的外交手段解决了与勃艮第的冲突。

1470 年，路易与沃里克伯爵理查·内维尔商定废黜英格兰国王爱德华四世。这一计谋如愿以偿，但引发了法国与勃艮第的战争。路易选择了拖延而非决一死战，并成功通过谈判达成新的停战协议。1475 年，爱德华四世复辟后入侵法国，路易也采取了同样的策略。其实他的军队已经做好了迎战准备，但他将军队作为讨价还价的筹码，而非将其投入战斗。

路易用外交手段而非武力攻下了勃艮第。他通过谈判达成了削弱勃艮第势力的协议，切断其贸易收入，并在勃艮第公爵大胆的查理（Charles the Bold）战死后大举扫荡勃艮第，将其纳入法国。到 1483 年去世时，路易十一已经改革了法国的政府体系，为法国迎接文艺复兴铺平了道路。他小心、狡猾、历练老成，因此被称为"慎密者"。

> 路易首选的战略是利用武力作为威胁，同时通过外交或经济手段摆平敌人。

波杰布拉德的伊日（1420—1471）

欧洲统一的倡导者

1415 年，扬·胡斯以异端之罪被处决，引发了胡斯战争。胡斯派又分为多个派别，其中塔波尔派（Taborites）最为激进，圣杯派（Utraquists）则温和得多。派系分化使得和平解决问题尤为困难，因为一派接受的协议可能会被另一派拒绝或直接忽略。这最终导致了派系间的冲突。

胡斯派的主要敌人之一是神圣罗马帝国皇帝西吉斯蒙德，他是波希米亚、德意志、匈牙利以及克罗地亚（Croatia）的国王。西吉斯蒙德于 1437 年去世，他的女儿伊丽莎白继承王位。然而，伊丽莎白最终屈居王后一位，她的丈夫奥地利的阿尔布雷希特当上了国王。

波杰布拉德的伊日是波希米亚的一位贵族的儿子，这位贵族属于胡斯派中的圣杯派。伊日年轻时参加过胡斯战争，其中最为著名的是利帕尼会战（Battle of Lipany）。这场战争中，激进的塔波尔派及其盟友被圣杯派击败，势力倒塌。利帕尼会战十分有名，因为这是胡斯派两派之间的冲突，而且他们利用了不同寻常的车垒战术，即用马车建造堡垒。战场上，塔波尔派冲出车垒进攻，反被对手迎头痛击。

波杰布拉德的伊日跃居胡斯派领袖，在奥地利的阿尔布雷希特死后，他领导胡斯派参与夺取波希米亚控制权的战争。他在 1448 年控制了布拉格，但遭到桀骜不驯的波希米亚贵族的反对。然而，1451 年，神圣罗马帝国皇帝腓特烈三世（Frederick III）将波希米亚

1451 年，波杰布拉德的伊日被任命为波希米亚摄政王，并在六年后成为国王。他与胡斯派的联系使他与教皇不和，最终导致了匈牙利的入侵。

的治理权授予了伊日，于是他成为阿尔布雷希特的小儿子拉斯洛（Ladislaus）的摄政王。

拉斯洛倾向于支持主流天主教会，而非伊日信仰的胡斯派，这使得他在1457年的突然去世显得非常可疑。然而，伊日不太可能真的害了他。1458年，伊日被任命为波希米亚国王。也许因为他在一个宗教内战的时代长大，他希望不止给波希米亚，而是给整个欧洲带来和平。

伊日的提议非常具有前瞻性。他希望建立一个欧洲议会，在议会中可以就影响整个欧洲大陆的决议进行辩论，成员国之间的分歧也可以和平地得到解决。

伊日的动机并不完全关乎和平，而且本质也不是世俗的。当时，奥斯曼帝国正在蚕食他的家乡，他希望建立一个由基督教国家组成的强大联盟，不因内部分裂和冲突而被削弱，以此反对奥斯曼帝国的威胁。因此，尽管他提出的是"欧洲联盟"（European Union），但这是一个宗教而非世俗的组织。

波杰布拉德的伊日尊重且遵守1433年通过的《布拉格协约》。协约规定，天主教和胡斯派的宗教仪式同样受到认可。然而，1462年，教皇皮乌斯二世（Pius II）宣布天主教会不再接受《布拉格协约》，伊日只有遵循天主教的立场，他的地位才会被承认。

伊日试图在两种选择之间走一条折中的道路：一是无视这一要求，二是遏制最激进的胡斯派，安抚天主教会。教皇皮乌斯二世及其继任者保罗二世（Paul II）都对这种处理不够满意。1466年，伊日被逐出教会且被教皇废黜。以此为肇因，邻国匈牙利入侵波希米亚。虽然入侵者取得了一定胜利，但他们没有占领布拉格。1471年伊日去世后，他的继任者弗拉迪斯劳斯（Vladislaus）圆满解决了冲突，成为匈牙利和波希米亚的国王。

从很多方面而言，波杰布拉德的伊日都是一个有远见的人，他看到了建立一个强大的国家联盟的可能性。然而，我们容易对此过度解读。与其说他是要建立一个泛欧的超级大国，不如说他想建立一个对抗土耳其人的联盟。土耳其人当时征服了君士坦丁堡，威胁着要向西推进到欧洲。但他的想法依然是超前的，在一个宗教冲突分裂的时代，他对相互冲突的宗教信仰有着不同寻常的宽容。

波杰布拉德的伊日希望建立一个欧洲的基督教王国联盟，以应对土耳其日益增长的扩张威胁。

因为拥有领导胡斯派中占主导地位的圣杯派的将才，波杰布拉德的伊日当选为国王。他处于一个尴尬的境地，既要压制胡斯运动的某些行为，又要保住大多数人的支持。

俄罗斯的伊凡三世（1440—1505）

俄罗斯国父

　　1440 年伊凡（Ivan）出生时，俄罗斯仍处于蒙古帝国的阴影之下，其西部地区通常被称为金帐汗国。金帐汗国吸纳了大批突厥部落成员，形成了一个在欧洲通常被称为"鞑靼人"（Tatars）的文化群体。

　　金帐汗国江河日下，部分源于黑死病的肆虐，部分源于政治分裂。其独立的汗国仍然是一股强大的力量，而俄罗斯本身也并不稳定。伊凡的父亲是莫斯科大公瓦西里（Vasily），在 1445 年卡缅

伊凡三世的莫斯科公国与喀山汗国（Khanate of Kazan）发生过多次战争，冲突在他死后仍然继续。

卡河战役（Battle of the Kamenka River）中被鞑靼人俘虏，伊凡的堂兄迪米特里（Dimitri）得以控制莫斯科。迪米特里赎回了瓦西里，但把他关进了监狱，致使他失明后将他流放。年轻的伊凡被托付给迪米特里，但并没有遭受同样的厄运。

伊凡三世统治时期逐步扩张领土，但并不完全依靠武力手段。

也许是因为瓦西里在莫斯科拥有重要的支持，迪米特里恢复了他的地位。后来，迪米特里被推翻。伊凡六岁时就被宣布为父亲的共治皇帝，并以自己的名义出军。1462年继承王位时，伊凡已经通过婚姻控制了莫斯科的竞争对手特维尔（Tver），并确立了自己作为一个强大的战争领袖的地位。

伊凡遇到的第一个对手是鞑靼人，他要从他们手里夺回莫斯科的控制权。清除了东部边界的威胁后，他从1470年起向诺夫哥罗德开战。征服诺夫哥罗德花了近20年，但在此期间，伊凡通过谈判缔结协约，控制了罗斯托夫（Rostov）和雅罗斯拉夫尔（Yaroslavl），而普斯科夫和里亚桑（Ryazan）只是名义上还独立而已。这时，伊凡的第一任妻子已经去世。他与拜占庭的佐伊·帕拉奥洛古斯（Zoe Palaeologus of Byzantium）结婚，后来她改名为索菲亚（Sophia）。

1480年，对阵金帐汗国的战役得胜而归，伊凡宣告莫斯科终于摆脱了蒙古的掌控，但双方之间的小规模冲突仍持续了几年。这次成功得益于伊凡与克里米亚（Crimea）的蒙古大汗结盟——以前的蒙古帝国从未分裂到这种地步，也不会允许大汗之间的分歧使外来者受益。伊凡利用波兰和立陶宛的分裂，对瑞典和立陶宛发动战争。立陶宛势单力薄，伊凡利用联姻获得了新的领土。后来，立陶宛人对伊凡吞并更多土地的企图感到厌倦，最终拿起武器反抗。然而，伊凡在1500年的韦德罗沙河（Vedrosha River）一战大获全胜，立陶宛割让了更多领土。

伊凡的统治为叛乱阴谋所负累，王位继承人的问题尤其聚讼纷纭。这是因为他的长子在1490年因病去世了。伊凡怀疑儿子死于阴谋，所以在重新指定继承人时犹豫不决。他最终选择的是孙子季米特里（Dimitry），即伊凡与第一任妻子特维尔的玛丽亚（Maria of Tver）的后代——这激怒了第二任妻子索菲亚。她策划谋反，但计划落空。1500年，伊凡与索菲亚的长子瓦西里叛变，投奔立陶宛。伊凡只好让步，指定瓦西里为继承人。身边发生的大多数计谋最终都被伊凡得当处理。

伊凡规定任何有叛国之嫌的波雅尔（Boyar，即大贵族）的土地应被剥夺，并纳入国王的财产。他还规定，被授予封地的王子不能把土地传给后代；他们死后，

В.К. IОАННЪ III ВАСИЛЬЕВИЧЬ

Получаетъ извѣстiе о побѣдѣ надъ Литвою,
на берегу рѣки Вёдроши, 1500. годъ.

虽然伊凡三世没有亲自率军出兵，但 1500 年韦德罗沙河一战的胜利使立陶宛人无力再抵抗他继续吞并领土。

其领土应归还给国王。此举引起了一些人的不满，但也起到了集权的作用。

1505 年，伊凡大帝去世，留下了一份强大的遗产。他是第一位沙皇，自 1479 年起是全俄罗斯的统治者。他建立了高度专制和中央集权的政府系统，这套系统成为后来俄罗斯君主制的特点。在他的统治下，莫斯科从一个城邦变成了俄罗斯的中心，一路延伸到乌拉尔地区。他首次颁布了有明确界定和标准格式的法律体系。

由于第二任妻子来自君士坦丁堡，伊凡还采用了拜占庭帝国的双头鹰标志。为了使莫斯科成为与其地位相符的首都，他修建了克里姆林宫（Kremlin）等大型建筑工程。他认为莫斯科就是"第三座罗马"（君士坦丁堡为第二座），称永远不会有第四座城市可以企及。

伊凡三世奉行一种强悍的策略，通过没收涉嫌叛国的贵族的领土和禁止遗产继承来巩固自己的权力。

图书在版编目（CIP）数据

中世纪的国王和女王 / （英）马丁·J.多尔蒂著；麦凯婷译. —广州：广东人民出版社，2024.5

书名原文：Kings and Queens of the Medieval World

ISBN 978-7-218-17017-6

Ⅰ.①中… Ⅱ.①马… ②麦… Ⅲ.①国王—人物研究—欧洲—中世纪 Ⅳ.①K835.07=3

中国国家版本馆CIP数据核字（2023）第195317号

ZHONGSHIJI DE GUOWANG HE NÜWANG
中世纪的国王和女王

[英] 马丁·J.多尔蒂 著 麦凯婷 译

版权所有 翻印必究

出 版 人：肖风华

责任编辑：陈泽洪 戴璐琪

责任技编：吴彦斌 马 健

出版发行：广东人民出版社

地 址：广州市越秀区大沙头四马路10号（邮政编码：510199）

电 话：（020）85716809（总编室）

传 真：（020）83289585

网 址：http://www.gdpph.com

印 刷：北京中科印刷有限公司

开 本：710毫米 × 1000毫米 1/16

印 张：14.75 字 数：244千

版 次：2024年5月第1版

印 次：2024年5月第1次印刷

定 价：78.00元

如发现印装质量问题，影响阅读，请与出版社（020-87712513）联系调换。

售书热线：（020）87717307

出品人：许　永
出版统筹：林园林
责任编辑：陈泽洪
　　　　　戴璐琪
特邀编辑：尚敏佳
　　　　　尹　璐
封面设计：刘晓昕
内文制作：张晓琳
印制总监：蒋　波
发行总监：田峰峥

发　　行：北京创美汇品图书有限公司
发行热线：010-59799930
投稿信箱：cmsdbj@163.com

创美工厂
官方微博

创美工厂
微信公众号

小美读书会
公众号

小美读书会
读者群